¿A dónde váis, Monsiváis?

Guía del DF de Carlos Monsiváis

¿A dónde váis, Monsiváis?

Guía del DF de Carlos Monsiváis

¿A dónde váis, Monsiváis?
Guía del DF de Carlos Monsiváis

Este libro se realizó gracias al apoyo de la Comisión del Bicentenario del Gobierno del Distrito Federal.

GOBIERNO DEL DISTRITO FEDERAL
Marcelo Ebrard Casaubon
JEFE DE GOBIERNO DEL DISTRITO FEDERAL

COMISIÓN DEL BICENTENARIO DEL GOBIERNO DEL DISTRITO FEDERAL
Enrique Márquez
DIRECTOR

EDICIÓN Y PRODUCCIÓN
TRILCE EDICIONES

EDITORES
Déborah Holtz
Juan Carlos Mena

EDICIÓN Y REDACCIÓN
Laura Emilia Pacheco

TEXTOS
© Carlos Monsiváis
© Prólogo de Fabrizio Mejía Madrid

ENTREVISTAS
Laura Emilia Pacheco, Alejandro Toledo, Praxedis Gilberto Razo, Alida Piñón.

DIRECCIÓN DE ARTE
Óscar Reyes
Juan Carlos Mena

DISEÑO
Raquel Matus

FOTOGRAFÍA
Créditos fotográficos página 359

INVESTIGACIÓN
Fabrizio Mejía Madrid, Laura Emilia Pacheco, Alida Piñón, Jenaro Villamil.

INVESTIGACIÓN ICONOGRÁFICA
Eva Calderón

ASISTENTE DE DISEÑO
Fernando Islas

PRIMERA EDICIÓN: JULIO, 2010
D.R. © Trilce Ediciones, S.A. de C.V.
Euler 152 - 403
Colonia Chapultepec Morales
Miguel Hidalgo, 11570 México, D.F.
Tel 52555804
trilce@trilce.com.mx
editorial@trilce.c.om.mx
www.trilceediciones.com
ISBN 978-607-7663-16-4

COEDITOR
D. R. © 2010,
Random House Mondadori, S. A. de C. V.
Av. Homero núm. 544, col.
Chapultepec Morales,
Delegación Miguel Hidalgo,
11570, México, D. F.
www.rhmx.com.mx
literaria@rhmx.com.mx
ISBN 978-607-310-149-3

Queda rigurosamente prohibida, sin autorización escrita de los titulares del copyright, bajo las sanciones establecidas por las leyes, la reproducción total o parcial de esta obra por cualquier medio o procedimiento, comprendidos la reprografía, el tratamiento informático, así como la distribución de ejemplares de la misma mediante alquiler o préstamo públicos.

HECHO EN MÉXICO
FOTO PÁGINA ANTERIOR
Carlos Monsiváis, José Luis Cuevas y otros hombres, Ciudad de México, Ca. 1960.
Foto. Nacho López © (Inv. 389698)
CONACULTA-INAH-SINAFO-FN-MÉXICO.

FOTO PORTADA CARLOS MONSIVÁIS
©Lourdes Almeida

012 PRÓLOGO
012 *Carlos Monsiváis: Retrato en taxi*, por Fabrizio Mejía Madrid

016 LA CIUDAD DE MÉXICO

030 DE GARIBALDI A LA LAGUNILLA, BASÍLICA, EL CHOPO Y ANEXAS
032 GARIBALDI
035 Plaza Garibaldi
036 *Antes de perder la virginidad*, entrevista con **José x**
036 El Tenampa

038 LAGUNILLA
041 Mercado de la Lagunilla

042 TEPITO
050 Mercado de la Merced
050 Arena Coliseo

052 BASÍLICA DE GUADALUPE
054 *Entre monos y cadáveres*, entrevista con **Eduardo del Río, RIUS**
056 *Lo camp y el papamóvil*, entrevista con **José Luis Ibáñez**
059 Basílica
066 *Amor con amor se paga*, entrevista con **Porfirio Muñoz Ledo**

068 TLATELOLCO
070 Centro Cultural Universitario Tlatelolco de la UNAM
077 68

084 TACUBA
086 Parroquia de Tacuba o de San Gabriel Arcángel

088 TIANGUIS DEL CHOPO
092 Museo Universitario del Chopo
092 Sede del Partido Revolucionario Institucional
093 Estación Buenavista
097 Megabiblioteca José Vasconcelos

098 DE LA ZONA ROSA A CHAPULTEPEC
100 ZONA ROSA
104 *La aduana monsivariana*, entrevista con **Jenaro Villamil**
107 Cafetería El Péndulo
110 Glorieta de Insurgentes
111 Museo de Cera
114 *Jurado de gato y secretarias*, entrevista con **Rafael Barajas El Fisgón**
115 Plaza del Ángel
120 *Monsiváis era la Zona Rosa*, entrevista con **Rafael Pérez Gay**
124 *Pacto de caballeros*, entrevista con **Hugo Gutiérrez Vega**

126 PASEO DE LA REFORMA
128 *El monsivocablo*, entrevista con **Braulio Peralta**
130 La Diana Cazadora
130 Torre Mayor
133 Las estatuas del Paseo de la Reforma
133 Glorieta de la Palma

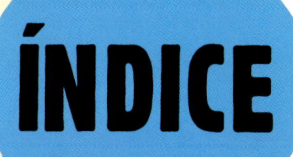

ÍNDICE

136 CHAPULTEPEC
138 *Fuimos desapareciendo*, entrevista con **Julián Pastor**
144 Museo de Antropología e Historia
144 Auditorio Nacional
145 Zoológico de Chapultepec
146 *Feminista misógino*, entrevista con **Martha Lamas**

150 DE LA ROMA E INSURGENTES AL ESTADIO AZTECA Y XOCHIMILCO
152 LA ROMA
154 *¿A mí no me van a dar papas?*, entrevista con **Carmen Galindo**
158 Sitios para visitar
159 La Bella Italia
159 Casa Lamm
161 Fuente de la Cibeles en México
162 *Un maleante de cómic*, entrevista con ***Nacho* Méndez**
163 Glorieta Chilpancingo

164 TERREMOTO

170 INSURGENTES
172 *¡Viva el diablo!*, entrevista con **Roberto Escudero**
172 Polyforum Cultural Siqueiros
174 Parque Hundido
175 *Comerse al prójimo*, entrevista con **Huberto Batis**
175 Plaza Universidad y el antiguo Fondo de Cultura Económica
176 Plaza México
178 *¡Cácaro!*, entrevista con **Ariel Rosales**

182 AVENIDA REVOLUCIÓN
183 Mercado de las flores
183 Museo Carrillo Gil

184 SAN ÁNGEL
185 Casa del Risco
186 *La mafia*, entrevista con **José Luis Cuevas**

188 COYOACÁN
190 *Recuerdos de Monsiváis*, entrevista con **Margo Glantz**
192 Casa Azul, Museo Frida Kahlo
192 Museo León Trotsky
196 *¡Todos a casa de las Galindo!*, entrevista con **Magdalena Galindo**

198 CIUDAD UNIVERSITARIA
200 MuAC
205 *Improvisaciones*, entrevista con **Claudio Obregón**
206 Jardín Botánico

210 ESTADIO AZTECA
211 Estadio Azteca

214 XOCHIMILCO
217 Concurso *La flor más bella del ejido*, Xochimilco
218 La isla de las muñecas

220 **DE CASA DE MONSI, EL METRO PORTALES Y EL CALIFORNIA DANCING CLUB A IZTAPALAPA**
222 PORTALES
224 *Nativos de la Portales*, entrevista con **Óscar Chávez**
225 Calle San Simón
231 California Dancing Club
234 *Doña Ester y Lutero*, entrevista con **Luis Prieto**
238 *A la ro-ro Stalin*, entrevista con **Eugenia Huerta**
242 *Contra la homofobia*, entrevista con **Alejandro Brito**

248 METRO PORTALES
251 Sistema de Transporte Colectivo Metro
253 Objetos perdidos del Metro

254 IZTAPALAPA
260 Central de Abasto
263 Candelaria de los Patos

264 AEROPUERTO
266 *Del Ángel a Peredélkino: travesías de un coleccionista inevitable*, entrevista con **José María Pérez Gay**
274 *Pausa europea*, entrevista con **Carlos Fuentes**
275 Peñón de los Baños
276 Palacio de los Deportes

278 CENTRO HISTÓRICO
286 Museo de la Ciudad de México
287 *De Gamio al duque de Otranto*, entrevista con **Ángeles González Gamio**
288 Palacio Nacional
293 Templo Mayor
296 Antigua Academia de San Carlos
297 Casa de la primera imprenta de América
298 Cantina El Nivel
302 *Un estilo muy singular*, entrevista con **Helena Beristáin**
304 Museo José Luis Cuevas
307 *Tras los pasos de Monsiváis*, entrevista con **Sergio González Rodríguez**
310 Museo del Estanquillo
312 *No es cuestión de dinero sino de inteligencia*, entrevista con **Rodolfo Rodríguez Castañeda**
317 Palacio de Minería
318 Museo Nacional de Arte
323 Oficina de Correos
323 La Casa de los Azulejos
329 Teatro Blanquita
330 *Monsiváis a escena*, entrevista con **Iván Restrepo**
337 *S/t*, entrevista con **Sergio Pitol**
346 *Monsiváis y el desierto del pasado*, entrevista con **José Emilio Pacheco**

351 EPÍLOGO
351 Discurso al obtener la Medalla 1808, entregada por el gobierno de la Ciudad de México a Monsiváis, en mayo de 2008

356 BIOGRAFÍA

Soy como un gato sin elasticidad, sin gracia y sin siete vidas. Entonces un gato despojado de virtudes indiscutibles. Cuando pienso que tengo una sola vida, me gustaría ser gato, pero cuando observo mis movimientos observo que lo felino no se me dio. Creo que procedo con rapidez, pero no sé si es la rapidez que dirige al abismo o es una rapidez más fructífera.

AUTOBIOGRAFÍA, 1966.

Carlos Monsiváis: retrato en taxi
Fabrizio Mejía Madrid

6:45 pm. El barrio de Portales, en la Ciudad de México, siempre me trae malos recuerdos: en un segundo piso de la calle de Odesa me pescó el terremoto de 1985. El edificio justo en la esquina se vino abajo. Ahora, territorio de talleres mecánicos, zapaterías, expendios de alcohol, a la colonia Portales de la Ciudad de México sólo se viene a dos cosas: al mercado de segunda mano o a ver a Carlos Monsiváis. La medida del hombre más público desde hace por lo menos cuatro décadas, y a la vez el más esquivo, es un buzón en la puerta: una enorme rendija por la que cabe un tomo de la Enciclopedia Británica. Hacerse visible e invisible es uno de los juegos favoritos de su dueño: el gato de Cheshire está al tanto de todo y, al mismo tiempo, a sus anchas en la desaparición voluntaria. Por ese buzón pasan periódicos, libros, manuscritos, invitaciones de estudiantes o de obreros en huelga, pero también de los monopolios televisivos, políticos, funcionarios culturales o universitarios de aquí y del mundo. Y, dentro de la casa, el teléfono suena mañana, tarde y noche. A Monsiváis se le caza por teléfono y puede ser que a esa misma hora esté anunciado en tres eventos distintos. Si no ha ido a alguno de los tres, fingirá ser su propia secretaria que avisa que se encuentra indispuesto.

7:00 pm. Estoy parado frente a su puerta negra con el buzón descomunal y es posible que nadie me abra o que no esté siquiera en el país. Adentro, sus ayudantes no sabrán más que el día en que ha quedado de volver. Sé de unos jóvenes que esperaron a Monsiváis en la calle durante una hora. Habían concertado ir por él para llevarlo a hablar sobre contracultura juvenil en el oriente de la ciudad, pero no les abrió. Cuando creyó que los jóvenes se habían dado por vencidos, Monsiváis salió y fue atrapado. Sin más alternativa, se dejó llevar hacia el coche y, cuando se distrajeron, se echó a correr.

7:01 pm. ¿Por qué todo mundo quiere ver y escuchar a Monsiváis tanto que él mismo tiene que escapar de citas simultáneas? Para el gran público —el que no lo lee—, Monsiváis es el "intelectual" por antonomasia. Es el nombre que le brotó a una actriz de telenovelas cuando hace unos años fue presionada por la prensa para que mencionara su libro favorito: "Los poemas de Monsiváis", respondió. Para el público que lo escucha en entrevistas, Carlos Monsiváis es la voz autorizada por solitaria, creíble y siempre ocurrente: sus dichos y textos con frecuencia están envueltos en un humor seductor. La distancia, física e irónica, es un juego de seducciones. Ante el acontecimiento cultural o la tragedia persistente, siempre tendrá un aforismo profundo y desparpajado a la vez. Ejemplos al azar: "El subdesarrollo es no poder mirarse al espejo por miedo a no reflejar." "Entre nosotros y la moda se interponen los harapos." "Hasta los más apartados rincones de México han acudido el PRI, la Coca Cola y la noción del complejo de Edipo." "Somos tantos en la Ciudad de México que el pensamiento más excéntrico es compartido por millones." "Sólo una revolución obra la hazaña de anticiparse al cine." "He visto a las mejores mentes de mi generación destruidas por falta de locura." "Si no tuve infancia, al menos permíteme tener currículum."

7:02 pm. Fue una frase la que me atrapó hacia finales de los setenta cuando lo vi por primera vez, por supuesto, en la tele. Era un homenaje a Agustín Lara y, entre pianistas y cantantes de lentejuela, el cronista y teórico súbito fue compelido a definir lo cursi. Monsiváis dijo: "Es lo bellamente fallido." La sensación —la recuerdo— fue que, de pronto, lo que decía tenía relación con lo existente o, por ponerlo en una definición súbita, "Monsiváis dice lo que tenías en la punta del pensamiento". Desde ese instante testifico la capacidad descomunal de un hombre que nos dice qué somos, a qué poner atención ante lo fugitivo del presente y lo abrumador de la tradición y que, en fin, tiene como obra la construcción de la "cultura nacional" como la réplica exacta de su propio gusto. Como en el cuento de Borges, en que el emperador manda hacer un mapa tan preciso de China que el papel termina por abarcar el territorio del país. Y, parado en esta calle de la Portales, recuerdo los sismos del 85. Él fue quien nos aseguró que detrás de cada rescatista, tránsito improvisado y ayuda había una insurrección civil. Si no lo era, se hizo tras ser nombrada. La confianza de Monsiváis nunca estará con los poderosos o los insurrectos. Siempre estará con una ciudadanía informada, pendiente y, cuando haga falta, activa. Pero, a la vez, ha creado el museo textual de lo notable. Si Juan Gabriel no era más que un cantante popular, se hizo perdurable por ser nombrado así. Si el cómic era lo desechable, se hizo objeto de museo por el valor que sus palabras le imprimieron. Si la historia de la censura se censuró a sí misma, él trae a la página a Ripalda y a Núñez Prida y la Liga de la Decencia. Pero Monsiváis jamás aceptaría esto: "O ya no entiendo lo que está pasando, o ya pasó lo que estaba entendiendo."

7:05 pm. Por fin alguien contesta el interfón y la puerta cede al zumbido de la bienvenida. No es garantía de algo. A mí me ha dejado plantado en su propia casa: sentado en un sillón, en el pasillo, pasó alguien con aire de autoridad y le pregunté:
—¿Carlos tardará mucho?
—Vuelve en seis días.

7:25 pm. Lo que sigue es el garaje, la casa como vagón de tren, la biblioteca con los gatos. Entre libros y papeles, Monsiváis está al teléfono. Seguro con Sergio Pitol o con Rafael Barajas *El Fisgón*. Es un icono: el pelo cano revuelto, los anteojos pesados, las cejas greñudas, el mentón rotundo, los atuendos de mezclilla, la camiseta debajo. Es un hombre del 68, cuando la ropa no importaba tanto como para no preocuparse por ponerse algo que contuviera una declaración. Esto último es, por supuesto, una frase cifrada en lenguaje *monsi*. Justo en la pared lateral hay dos dibujos. Uno es la primera hoja de *El llano en llamas*, de Juan Rulfo, autografiada y con un perro aullando. El otro es de Cuevas: el rostro de Monsiváis, con motivos *pop* en los lentes. Dan cuenta del transcurrir cultural del nacionalismo inventado, el oficialista, hasta el recreado, el rupturista, pero no dan cuenta del propio transcurrir del cronista, a quien lo mismo encontramos en películas disfrazado de Santaclós borracho (*Los Caifanes,* 1967), letrista del grupo de rock paródico con Alfonso Arau (Los Tepetates) o corrigiendo, junto a Cortázar, el *Paradiso* de Lezama Lima. Como le escribió en una carta a Elena Poniatowska, en 1971, durante una estancia en Londres: "Me sigo preparando para un acaso imposible trabajo periodístico. Todo lo que veo, leo y escucho lo refiero a una especie de archivo de experiencias utilizables. Leo un libro diario, veo de dos a tres películas y me inundo de revistas." Abarca todo, lo procesa, lo selecciona, funda un museo del lenguaje.

7:30 pm. Ahora vamos dentro de un taxi hacia cualquier lugar. Puede ser la Casa Refugio o la Biblioteca de México, el escritor invitado no lo tiene del todo claro. El taxista lo reconoce y le pregunta si es el "intelectual" que habla de María Félix. Monsiváis murmura. El taxista se anima:
—¿Cómo ve lo de Hugo Sánchez?
Y Monsiváis habla de Venezuela.

7:35 pm. Es una figura de autoridad que se ha opuesto a las figuras de autoridad. En muchos sentidos él es el intelectual que emerge del 68 con una idea de que la resistencia política no se hace desde ahí sino desde la cultura, esa que se interpone entre el autoritarismo y la violencia, pero su ángulo es desde el inicio. En 1954, a los catorce años, escribe su primera crónica sobre una marcha en contra de la caída de Jacobo Arbenz orquestada por la CIA en Guatemala. En "la descubierta" de la manifestación están Diego Rivera y Frida Kahlo. Si se quiere, ahí podría verse un "infancia es destino": lo urgente y el arte.

7:37 pm. Monsiváis es un estratega cultural que valora la cultura popular y populariza lo elitista. Su arma es un tipo de lenguaje arraigado en un apretado código de burlas, sospechas, alusiones, parodias, que mina a cualquier declarante poderoso, sea un obispo, el presidente o un líder guerrillero. El relajo es, qué duda cabe, el ánimo permanente de Monsiváis:
—Te insulté el otro día —dice acongojado en el teléfono.
—¿Qué dijiste?
—Te cité. (Risas.)
—Oye, yo hablé de ti en una entrevista por tus setenta años y dije puras pendejadas.

—Entonces me describiste.
—Y, de paso, a mí.

7:50 pm. Llegamos a la Biblioteca de México y, aunque están felices de recibirlo, la mesa no es ahí. Cambiamos de taxi. No hay rincón que no haya visto: desde las librerías de viejo en Donceles hasta la Semana Santa en Iztapalapa, de Ciudad Neza hasta la colección de arte de Carlos Slim. Siempre comprando arte para su Museo del Estanquillo en Plaza del Ángel, en la Zona Rosa o presenciando el sexo en vivo en el *41*, Monsiváis es la Ciudad de México, las líneas de su mano son una *Guía Roji*. La Ciudad de México no existiría sin Monsiváis, quien la engrandece, la hace posible, le ve el lado ciudadano, aun en medio de las ruinas del terremoto de 1985. "¿Cuál es tu ciudad preferida?", le pregunté hace diez o quince años, en el café Auseba de la Zona Rosa. "La de mi juventud, en los cincuenta —respondió—, en tranvía."

7:59 pm. La conferencia es sobre los cinco libros más importantes en tu vida. No creo que Monsiváis haya logrado resumir su vida libresca a tal cantidad. Pero lo ha hecho. Le pregunto, mucho más angustiado que él, porque ya va tarde:
  1) *La Biblia*: "No creo en lo que dice pero la fuerza del lenguaje, la poesía, por ejemplo, los Salmos, son extraordinarios."
  2) *La importancia de llamarse Ernesto,* de Oscar Wilde: "Casi cada línea es un aforismo brillante."
  3) *La sombra del caudillo,* de Martín Luis Guzmán: "Es la gran novela de la conspiración, de la intriga y de la barbarie institucional."
  4) *¡Noticia bomba!,* de Evelyn Waugh: "No comparto las posturas políticas del autor, pero es la novela que mejor parodia el trabajo periodístico."
  5) *Adiós a Berlín,* de Christopher Isherwood: "El retrato de lo prohibido, de la fiesta clandestina, los lugares ocultos de una ciudad."

8:15 pm. Si uno intentara ceñir a Monsiváis con esa lista sería imposible: poesía, aforismo, denuncia del poder, parodia del periodismo, los caminos de la noche. Faltan batallas, posiciones, gustos, obsesiones, fobias y, sobre todo, el ánimo de abarcarlo todo, día a día, década por década. Cuando entra en la Casa Refugio es casi una hora tarde, hay reflectores, multitudes que esperan abanicándose con periódicos. Los organizadores corren a recibirlo y casi lo cargan hasta el podio.

8:30 pm. "Llego tarde porque pensé que ustedes eran impuntuales", dice. Carcajadas. Aplausos. Gente que se acomoda en el asiento dispuesta a escuchar con atención. Cuadernos que se abren. Plumas que se destapan. Afuera, los taxis siguen circulando en el embotellamiento.

8:31 p.m. Lo ha logrado, una vez más. Y, con él, todos los demás, y esta misma, siempre otra, Ciudad de México.

LA CIUDAD DE MÉXICO

» Dos símbolos de nuestra modernidad que no acaban de cuajar.

En el terreno visual, la Ciudad de México es, sobre todo, la demasiada gente. Se puede hacer abstracción del asunto, ver o fotografiar amaneceres desolados, gozar el poderío estético de muros y plazuelas, redescubrir la perfección del aislamiento. Pero en el Distrito Federal la obsesión permanente (el tema insoslayable) es la multitud que rodea a la multitud, la manera en que cada persona, así no lo sepa o lo admita, se precave y atrinchera en el mínimo sitio que la ciudad le concede. Lo íntimo es un permiso, la "licencia poética" que olvida por un segundo que allí están, nomás a unos milímetros, los contingentes que hacen de la vitalidad urbana una opresión sin salida.

LOS RITUALES DEL CAOS, 1995.

> En los años cincuenta, la Ciudad de México es, simultáneamente, la provincia más divertida que haya conocido la historia de México y la cocina fáustica de la modernidad.
>
> *LETRAS LIBRES*, FEBRERO DE 2000.

» En los años cincuenta se encumbró el proyecto de la Gran Urbe. El problema es que en este sueño no todos tenían cabida.

» Las azoteas son espacios viables para orear la ropa y para la privacidad. El hacinamiento nos aniquila.

El reposo de los citadinos se llama tumulto, el torbellino que instrumenta armonías secretas y limitaciones públicas. ¿Y qué es hoy, desde ángulos descriptivos, la Ciudad de México? El gran hacinamiento, el arrepentimiento ante la falta de culpa, el espacio inabarcable donde casi todo es posible a causa de "el Milagro", esa zona de encuentro del trabajo, la tecnología y el azar...

Las azoteas, continuación de la vida agraria en donde se puede, extensión natural del rancho, reducto de la Reforma Agraria. En las azoteas se concentran las evocaciones y las necesidades, hay gallinas y chivos, hay gritos a los helicópteros porque espantan a las vacas y los labriegos que las ordeñan, hay la ropa tendida a modo de maíz crecido, hay cuartos en donde caben familias que se reproducen sin dejar de caber, los hijos y los nietos van y regresan, los compadres y las comadres se instalan por unos meses, y el cuarto se amplía, digo es un decir, hasta contener al pueblo entero de donde emigró su primer habitante.

LOS RITUALES DEL CAOS, 1995.

» El Metro aniquiló las rutas de camiones Roma Mérida y Mariscal Sucre. La velocidad y el caos llegaron para quedarse.

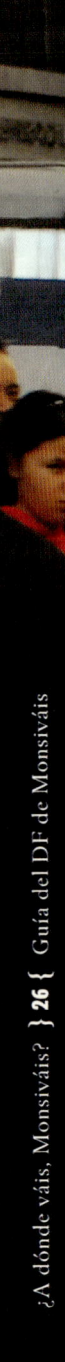

México es la ciudad en donde lo insólito sería que un acto, el que fuera, fracasase por inasistencia. Público es lo que abunda, y en la capital, a falta de cielos límpidos, se tienen, y a raudales, habitantes, espectadores, automovilistas, peatones.

México es una ciudad donde lo invisible tiene sus compensaciones, la primera de ellas el nuevo *status* de la sobrevivencia.

LOS RITUALES DEL CAOS, 1995.

» De perdis, si no me hizo caso la novia, vale la pena subir solo a las alturas.

Hasta 1970, aproximadamente, la Ciudad de México (autoridades y gente de *pro*) desconoce la tolerancia y actúa represivamente contra prostitutas, sodomitas, mendigos, disidentes políticos. Libertinos, seres ansiosos de divetirse, mujeres solas... para ser breve: la ciudad no soporta los mínimos intentos libertarios. La ciudad (léase autoridades civiles y eclesiásticas en pacto no tan secreto, al que confirma el aplauso de la ciudadanía) reprime sin conciencia alguna de culpa: redadas de homosexuales, redadas de limosneros y prostitutas antes de la llegada de Visitantes Ilustres, atropellos policiacos interminables so pretexto de "ofensas a la moral y de las buenas costumbres", aplicación férrea de la censura en los espectáculos (teatro de variedades, teatro, cine). En

suma, el respeto a los códigos de comportamiento del siglo XIX, y la vigilancia de los eternos menores de edad, queda a cargo de los "asaltantes a nombre de la Ley" y los criterios parroquiales.

De manera paulatina, se organiza la resistencia a la visión patriarcal de las libertades ciudadanas. Una vanguardia de intelectuales y artistas protesta contra la censura, ya en retirada en la década de 1970. Lo más relevante de estas movilizaciones es la utilización de las leyes, para empezar de la Constitución de la República que, por increíble que parezca es "el Caballo de Troya" en materia de liberalización de las costumbres.

Y la causa principal del éxito contra el conservadurismo es la demografía en ascenso, cuyo impulso deshace casi todos los prejuicios.

LETRAS LIBRES, AGOSTO DE 2002.

DE GARIBALDI A LA LAGUNILLA, BASÍLICA, EL CHOPO Y ANEXAS

» El romanticismo perdió su encanto en la ciudad de los multifamiliares de Infonavit.

» La espera es larga y lo demás sí importa.

A la sinfonía deliberada responde la alharaca cósmica. Aquí ningún sonido se pospone, y las veinticuatro horas del día la ciudad es un río de motores al lado de los conductos auditivos. Los vendedores de camotes ahogan los atardeceres, la orquestita revive por aproximación la tarde maravillosa en que se cumplieron quince años, y el jovenazo de la trompeta (sexagenario o septuagenario) se ciñe a la emoción de atraer una clientela cachonda. La ciudad se oye vieja y se oye nueva, al día de internet y milenaria como la canción *El Faisán*, del maestro Miguel Lerdo de Tejada (1900). El cantante callejero es un murmullo delator de las épocas anteriores al *hip hop*, el *ska*, el *fudge*, el *rai*, el *new age*. Y el mariachi vierte esa convocatoria a la mexicanidad, el *Son de la Negra*, que excita a la comunidad imaginaria que de pronto da el salto gutural, localiza en las emociones la fuente de la juventud de la nación, ve agitarse en su garganta al México que no se fue, se lo llevaron. *Ojos de papel volando*, canta el mariachi, y en la Plaza

---

**PLAZA GARIBALDI
Eje Central Lázaro Cárdenas y las calles de Allende, Montero y Ecuador, colonia Guerrero.
La Plaza Garibaldi se llama así en alusión al nieto de Giuseppe Garibaldi, José Garibaldi, quien en 1911 combatió junto al ejército de Francisco I. Madero, en Chihuahua.**

Garibaldi o en el restaurante de los políticos y burócratas menores, o en la velada cívica que celebra el cumpleaños del héroe muerto hace 150 años, o en la fantasía terminal que es el centro nocturno sin clientela, el mariachi nos devuelve lo arrebatado por la modernidad: la ilusión de fiesta sin tecnología.

La capital también suena a piedad, a fieles arrodillados en la penumbra, a gemidos de reconciliación. El murmullo devocional, si ya no el más frecuente, sí es uno de los más disciplinados, porque viene del alma que es leal y no de las gargantas, tan traicioneras. Si nos estás oyendo, Diosito o Virgencita, no te fijes en nuestras voces sino en la buena disposición del rostro contrito, en la aflicción de nuestro júbilo, en la hermosura de un coro donde nada más se escuchan las intenciones (esto no es un nuevo concepto de la música, sino el antiguo rito de la compensación: las intenciones nunca desafinan). Y el sonido religioso se defiende de la sirena de las patrullas, del voceo desde los automóviles de mercancías milagrosas, del vendaval de rezongos de cinco millones de usuarios del Metro, de un popurrí de Agustín Lara o de José Alfredo Jiménez, de *El mariachi loco*, que bailan en el Eje Central músicos que son también acróbatas suicidas. Mientras eso pasa, los paseantes se someten a la melodía de los pleitos familiares y los rezos para que el empleo aparezca.

LETRAS LIBRES, AGOSTO DE 2002.

JOSÉ DE LA COLINA
ANTES DE PERDER LA VIRGINIDAD

Monsiváis es el gran *testimoniador* —permítaseme este neologismo, si lo es— de los cambios del modo en la ciudad a través de sus tribus, entendido este término de una manera más amplia de la que se le da hoy, pues una tribu puede estar sentada al mismo tiempo en una tribuna legislativa que en las calles. **Carlos** es el gran cronista y ha leído a estas pequeñas culturas —infraculturas, hiperculturas— de manera viva. Yo leo a la ciudad a través de él, de sus ensayos; es casi un lugar común relacionar a **Monsiváis** con la Ciudad de México.

Hubo un tiempo en que **José Emilio Pacheco**, **Carlos** y yo recorrimos la ciudad. Íbamos al **Tenampa**, en **Garibaldi**, y a infiernos de ese tipo cuando éramos jóvenes que no habían perdido aún la virginidad ni el bigote. **(pgr)**

EL TENAMPA
Plaza Garibaldi 12, colonia Centro.

En este sitio, propiedad de Juan Hernández Ibarra, comerciante originario del pueblo de Cocula, Jalisco, se presentó por primera vez el conjunto Mariachi Coculense dirigido por Concepción Andrade hacia la década de los años veinte. A partir de eso, la Plaza Garibaldi poco a poco se convirtió en el lugar para escuchar música, sobre todo de mariachi.

Lagunilla

» En La Lagunilla, la fascinación está en la diversidad y el regateo, no importa que sea usado.

DE GARIBALDI A LA LAGUNILLA, BASÍLICA, EL CHOPO Y ANEXAS

Un nombre para definir mitográficamente La Lagunilla: Rodolfo *El Chango* Casanova. Se podría hablar del mercado dominical y el gozo de regatear el pasado, pero a veces los nombres son, ejemplarmente, lo de más. ¿Quién es Rodolfo Casanova? Un boxeador de su momento, un efímero, inmensas facultades que se desperdiciaron, de campeón a vendedor de aguas frescas a interno de manicomio, un derrotado, un símbolo: el *happening* del triunfo, la constancia en el fracaso... Visión cruel, lacerada, agónica, suplicante, del mexicano que ya se enteró de que todo triunfo es limitado y todo fracaso inabarcable, *El Chango* Casanova nos pertenece como ser emblemático, alegoría profunda y llagada que le confiere a La Lagunilla (no una Lagunilla Real, se entiende, ni siquiera una Lagunilla Ideal, tan sólo una Lagunilla Significativa) su carácter definitivo del lugar de México donde uno se enseña a saber perder.

DÍAS DE GUARDAR, 1970.

**MERCADO DE LA LAGUNILLA
Paseo de la Reforma Norte y Matamoros. Metro Garibaldi o Lagunilla.**
En tiempos prehispánicos el barrio de La Lagunilla fue una laguna con un desembarcadero cercano al gran Mercado de Tlatelolco. Hoy es un tianguis de antigüedades que transforma la calle de Comonfort en paraíso de coleccionistas. Aquí se conserva el sabor de la época de grandes personajes de la zona, como el boxeador Rodolfo *El Chango* Casanova o Mario Moreno *Cantinflas*, quien hizo sus primeras actuaciones en una modesta carpa de barrio: el Salón Ofelia. En 1912 el Mercado de la Lagunilla atendía a colonias *nuevas* como lo eran entonces Santa María la Redonda, Guerrero y Santa María la Ribera.

> Desde el principio, la pequeña burguesía me acogió en su seno. Fui creciendo extasiado ante un paisaje de "Últimas cenas"; llama-al-técnico-porque-se-descompuso-la-lavadora; qué-le-vas-a-dar-a-tu-mamá-el-diez-de-mayo; cómo-se-parece-tu-abuelita-a-Sara-García; vámonos-el-domingo-a-Cuernavaca y demás símbolos de la elegancia y el ascenso de una clase.
>
> *AUTOBIOGRAFÍA*, 1966.

» En Tepito el buen gusto no está peleado con lo *kitsch*.

¿Y qué sabe de Tepito quien nunca ha vivido acá? Sabe o conoce historias, anécdotas, referencias, recuentos, nostalgias, evocaciones.

Sabe imágenes: un barrio de españoles según esto pudientes que se va metamorfoseando en un canijo entrevere de los que no llegaron, de los que aprendieron un oficio y se resignaron a la miseria, todo de golpe. La miseria se combate con un trago, la artesanía se ejerce llorando en

Tepito

el hombro del compadre. ¿Por qué te hizo el destino zapatero? Aquí nadie fracasa más que otro, nomás eso faltaba...

Ni modo, aquí estamos, en la Rinconada, en la vecindad, en el puesto de fierros viejos, en el mercado, en la compartida lamentación con los vecinos, en el terror ante la policía que es nuestro lazo de unión. Te lo dije: quién te manda nacer aquí. No lo toquen ya más, que así es Tepito.

DÍAS DE GUARDAR, 1970.

Ya es de todos adquirida —los *pop-psicólogos* no han nacido en vano— la razón de la abundancia de boxeadores en Tepito: *Kid Azteca*, Raúl *Ratón* Macías, José *Huitlacoche* Medel, Octavio *Famoso* Gómez, Chucho Hernández: los nombres

» Del barrio Bravo son ídolos como *El Púas* Olivares.

conocidos indican de paso los de una legión que no llegó a la meta del primer round. Razón muy simple: el barrio ha ido creando los símbolos que necesita para no dejarse aplastar. ¿Dejarse de quién, compadre? Pues de quién ha de ser: de la ciudad, del destino, de la Mula Vida.

DÍAS DE GUARDAR, 1970.

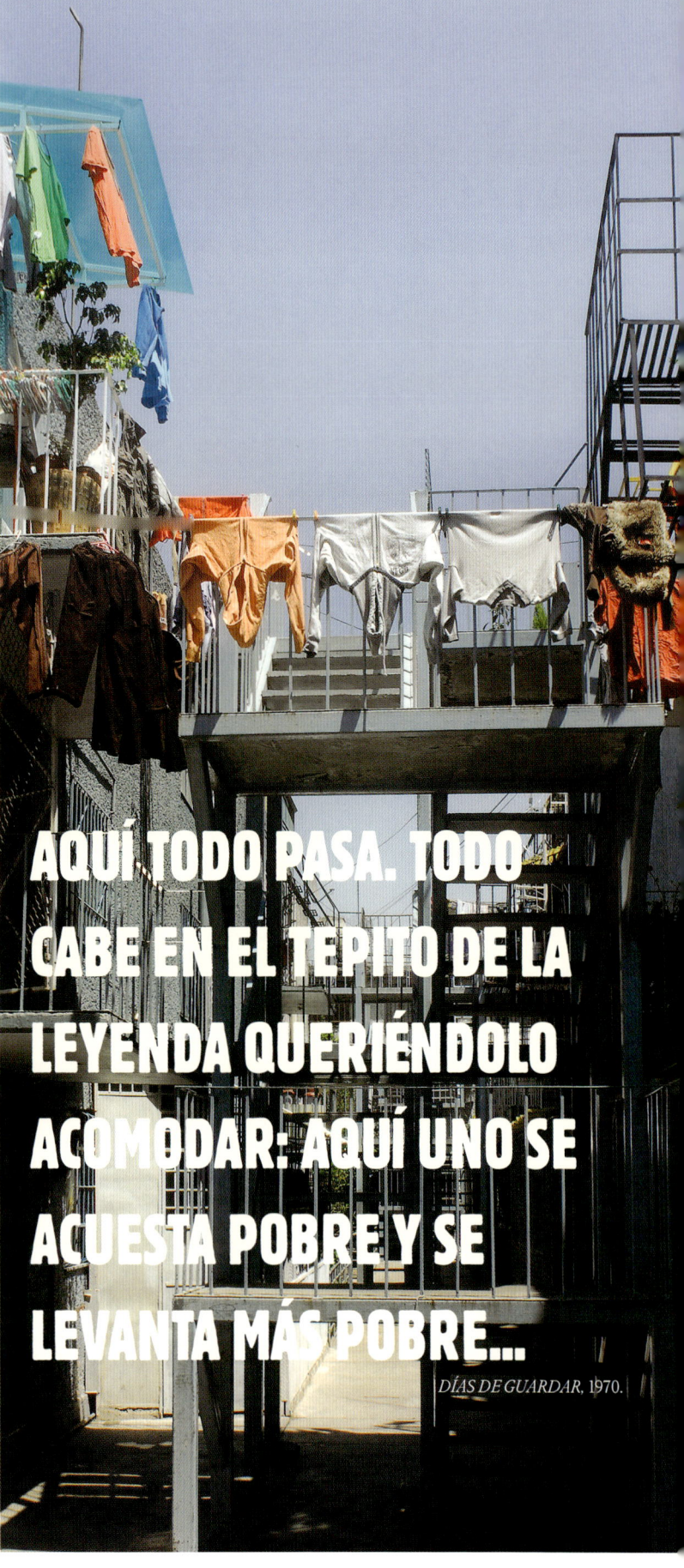

AQUÍ TODO PASA. TODO CABE EN EL TEPITO DE LA LEYENDA QUERIÉNDOLO ACOMODAR: AQUÍ UNO SE ACUESTA POBRE Y SE LEVANTA MÁS POBRE...

DÍAS DE GUARDAR, 1970.

» ¡Agua mi niño!

DE GARIBALDI A LA LAGUNILLA, BASÍLICA, EL CHOPO Y ANEXAS

MERCADO DE LA MERCED
Calle Rosario, colonia Merced Balbuena.

En el corazón de la ciudad, el mercado de La Merced se inauguró en 1890, y hoy es el segundo en importancia, sólo después de la Central de Abasto. Toma su nombre del Convento de La Merced —"el más bello de la Nueva España"— del que sólo queda el claustro. La orden de los frailes mercedarios, quienes llegaron a la Nueva España en 1593, fundaron una provincia bajo la advocación de la visitación de Nuestra Señora de La Merced y construyeron conventos en diversas ciudades. En la capital del virreinato se establecieron, al oriente de la Plaza Mayor, el Zócalo, y en el siglo XVII edificaron este lujoso convento. Debido a la aplicación de las Leyes de Reforma el templo fue demolido pero el claustro principal logró sobrevivir, en gran medida, gracias a que lo defendió el *Dr. Atl*, quien tuvo ahí su estudio-vivienda por muchos años. El patio morisco que hay en su interior es uno de los más bellos de América.

ARENA COLISEO
Perú 73.

La Arena Coliseo fue construida especialmente para practicar Lucha Libre en los años 40 a 10 años de que el empresario Salvador Lutteroth Gonzalez trajera la lucha libre a México después de haber visto un encuentro de lucha libre en Texas. Es la Arena más antigua que hay en nuestro país. Ahora es la segunda arena más importante de la Ciudad de México, después de la Monumental Arena México (una de las más famosas arenas del Mundo).

DE GARIBALDI A LA LAGUNILLA, BASÍLICA, EL CHOPO Y ANEXAS

» De músicos, poetas y guadalupanos, todos tenemos un poco.

EDUARDO DEL RÍO, *RIUS*
ENTRE MONOS Y CADÁVERES

Carlos Monsiváis es uno de los grandes humoristas mexicanos. Tiene otras cualidades, pero lo mejor de él es su sentido del humor, que le permite poseer amigos, quienes en primer o segundo círculo logramos evitar engrandecerlo para que no se endiose ni se nos eche a perder. No sé si lo tome de manera crítica, autocrítica o quién sabe cómo.

A **Monsiváis** lo recuerdo por allá de 1952, 53 o 54, llegando pausadamente a la librería de **Polo Duarte** —republicano español— en **avenida Hidalgo**. Su librería era visitada por muchos escritores: yo los veía pasar, por eso puedo presumir que los conocía, aunque ellos ni siquiera supieran de mí.

Yo era un empleado de **Eusebio Gayosso**, entonces ubicada justo en donde estuvo el **Teatro Hidalgo**, ahora **Ignacio Retes**, y la librería de don **Polo Duarte** estaba al lado de la funeraria. Pasaban mucho **Rulfo, Fuentes, Monsiváis**, de los que me acuerdo bien.

> Las lecciones se obtienen no en la contemplación de montañas, árboles o rebaños, sino en el domeñamiento de semáforos y avenidas.
>
> *AUTOBIOGRAFÍA*, 1966.

Entre cuidar cadáveres y hacer monos para la revista *Ja Ja*, que entonces se atrevía a publicarme, me quedaba tiempo libre. Terminé siguiéndolos: me pasaba buen tiempo en la librería de don **Polo**. Allí empecé a leer, siguiendo los consejos literarios de **Monsiváis**. Es posible que entonces comenzara a coleccionarme y ahora hasta me tiene colocado en el **Museo del Estanquillo**, evitando con ello que, en casa, a mis originales se los coman las ratas y las cucarachas.

Posteriormente, cuando fui subdirector de la revista ***Sucesos***, cuyo director, **Mario Menéndez**, se aventuró a darme ese puesto y la coordinación del suplemento *El mitote ilustrado*, llegó **Monsiváis** a colaborar conmigo. Yo era su jefe, ¡qué chistoso! Yo ordenaba lo que hubiera que hacer. No sé cómo lo hice, pero puede decirse que estreché mi amistad con **Carlos Monsiváis**, como su editor, además de tener la oportunidad de conocerlo.

Cuando trabajamos juntos en la revista ***Siempre!***, en Vallarta, frente a la CTM, se consolidó nuestra amistad. Tanto, que ahora amablemente se da tiempo para asistir a mis presentaciones de libros.

Carlos Monsiváis es incansable, trabaja en todo momento. No lo considero un genio, simplemente porque esos seres no existen, pero sí un extraordinario crítico, que en algunas ocasiones se concentra tanto en lo que dice y escribe, que no lo entiendo. Ya se lo he dicho, y lo toma con un excelente humor, pero no cambia. (**pgr**)

JOSÉ LUIS IBÁÑEZ
LO *CAMP* Y EL PAPAMÓVIL

Dos cosas nunca he olvidado de **Carlos Monsiváis**: una es cuando, posiblemente **Elena Poniatowska**, le preguntó por televisión (acaso en el **Canal 2**, cuando éste era **Televicentro** y ofrecía el tiempo de sus horas muertas, las de la comida, a la Universidad):

—Dinos, **Carlos**, según tú, ¿qué quiere decir la palabra *camp*?

En los sesenta, antes del 68, esa palabra estaba muy de moda, pero nadie sabía, no importa cuánto se le usara, con precisión a qué cosa se refería. Entonces, **Carlos**, sin titubear, responde con la seriedad que le caracteriza:

—Esta palabra está hecha de cuatro letras: la *c* de **Cuevas**, la *m* de **Monsiváis** y la *p* de **Piazza**.

—¿Y la *a* faltante?

—Ah, la *a* es de **Carlos Fuentes**.

La otra sucedió en 1997, cuando en el **Aula Magna** de la Facultad de Filosofía y Letras de la **UNAM** me celebraban un homenaje, al mismo tiempo que la ciudad recibía al **papa Juan Pablo II**. **Monsiváis** llegó ya que el evento había comenzado. Se subió al estrado y saludó a todo el público, disculpándose:

—Vengo hasta ahorita, pues contemplaba el nuevo modelo del Auto Sacramental que se llama **papamóvil** y que anda paseando por la ciudad.

Todos celebraron su comentario, reímos muchos y olvidamos su impuntualidad. (**pgr**)

> Atribuyo a mi carencia de niñez-a-la-mexicana la obsesión por un civismo oficial cuyo fatalismo rechazo por instinto.
>
> *AUTOBIOGRAFÍA*, 1966.

» El Santísimo protector de pecadores.

En el atrio de la Basílica, mariachis y artistas entonan las mañanitas. La zona sagrada celebra con gusto este día de placer tan dichoso. En su cumpleaños, su fiesta. La romería, las naves henchidas de fieles, la concentración de tribus de danzantes, los ramos de flores, las bandas de música, los voladores de Papantla se integran a la prueba comunal. ¿Qué recursos le quedan al centro de la religiosidad mexicana? Porque es su día, los celebrantes se ciñen a una sola voluntad: divertirse, alegrarse para complacerla. Noche de intimidad, de muerte de las murallas entre ella y los fieles, entre el feligrés y su vecino. *Devoción:* globos, penachos de plumas, concheros, caballeros águila con mandolina, máscaras. *Diversificación:* cámaras de televisión, chinelos, instrumentos precortesianos, gente que se desmaya y disfraza.

DÍAS DE GUARDAR, 1970.

DE GARIBALDI A LA LAGUNILLA, BASÍLICA, EL CHOPO Y ANEXAS

BASÍLICA
Metro La Villa-Basílica.

El Santuario de Nuestra Señora de Guadalupe está conformado por varias iglesias y edificios: la Basílica de Guadalupe, el templo principal del santuario.

Templo Expiatorio a Cristo Rey, también conocido como Antigua Basílica, cuya construcción se inició en 1695. Su portada simula un biombo y el significado de las cuatro torres octagonales de sus esquinas está relacionado con la Nueva Jerusalén y las cuatro esquinas del mundo conocido.

Capilla del Pocito, ubicada en las faldas del Cerro del Tepeyac, donde ocurrieron las apariciones de la Virgen. Se le llama así por haber ahí un manantial cuyas aguas se creían milagrosas. En 1815, José María Morelos pidió, como última voluntad antes de ser fusilado en Ecatepec, que se le permitiera orarle a la Virgen en este templo.

Parroquia de Capuchinas: construida en 1887, al oriente del Templo a Cristo Rey.

EL FESTIVAL DEL FERVOR NO NECESITA JURADO.

LOS RITUALES DEL CAOS, 1995.

» La fiesta del 12 de diciembre es una berbena popular donde concheros y feligreses, caballeros águila y peregrinos se dan cita.

DE GARIBALDI A LA LAGUNILLA, BASÍLICA, EL CHOPO Y ANEXAS

Cada año en la Basílica, la serenata, institución semestral (el 10 de mayo, su otro nicho ecológico), revive con fuerza y despliega el vestuario de la Mexicanidad, las ropas gracias a las cuales los mexicanos seguirán reconociéndose en el cielo, tan multicultural: sarapes, rebozos, trenzas,

moños de colores, trajes de charro a la usanza de los charros del porvenir, sombreros respetuosamente sostenidos en la mano, blusas bordadas, quexquémetls, trajes de tehuana. Todo esto portaron nuestros antepasados con tal de liberarnos de la falta de tradiciones.

LOS RITUALES DEL CAOS, 1995.

... el Norte de la ciudad es compacto, tenso, homogéneo por tan diverso, cerrado a la comprensión de la estética tradicional y de la estética vanguardista. En este reino de la opresión visual, los edificios agonizan desde el día de su inauguración, y a nadie deprimen las fachadas lúgubres y ruinosas, prematura y logradamente ruinosas.

ESCENAS DE PUDOR Y LIVIANDAD, 1988.

> Añado uno más a la lista de mis descubrimientos: la artesanía del codazo.
>
> AUTOBIOGRAFÍA, 1966.

» De vez en cuando un baño de pueblo hasta a Porfirio Muñoz Ledo le cae bien.

PORFIRIO MUÑOZ LEDO
AMOR CON AMOR SE PAGA

Mi relación con **Carlos Monsiváis** se remonta a la época en que publicamos la revista **Medio Siglo**, posiblemente en 1953. Él tenía 18 años y parecía un muchacho ávido de conocimientos en relación con el ámbito de la cultura. Una ocasión, 1956, en casa de **Rafael Ruiz**, ubicada en **Gabino Barreda** casi esquina con **Ribera de San Cosme**, a unas cuadras de **Mascarones**, sede entonces de la **Facultad de Filosofía y Letras**; nos reunimos varias personas para despedirnos amistosamente porque yo me iría a Europa.

En la casa estábamos rodeados de calaveras de cartón y jugamos con una escena de **Hamlet**. **Carlos Fuentes** comenzó a gesticular con aire demoniaco, mientras **Carlos Monsiváis** sonreía discretamente; con nosotros también estaba **Manuel Lozante**, quien ya falleció. Existe una fotografía que

DE GARIBALDI A LA LAGUNILLA, BASÍLICA, EL CHOPO Y ANEXAS

enmarca ese momento, pero que además marca los límites cronológicos de nuestra generación, que va de los nacidos en 1928 hasta los que vieron la luz en el 38. En esa imagen **Monsiváis** está de corbata y muy bien peinado. Así lo conocí, un joven, un adolescente deseoso de insertarse en su tiempo y en la cultura universal, muy cercano en la búsqueda a **José Emilio Pacheco**. Después se concentró en su propia realidad contextual: la cultura urbana, que compartimos esporádicamente en el ambiente y las vivencias de las que da cuenta *La región más transparente*, que ahora llega a su cincuentenario.

El homenaje que se le rinde a **Monsiváis** es merecido, y la ciudad debe claves numerosas de su identidad a la lealtad y a la capacidad de asombro y crítica de **Carlos** con su entorno. Amor con amor se paga. (**ap**)

Tlatelolco

» Tlatelolco es y será un lugar de reunión y convivencia.

TLATELOLCO

La Plaza de las Tres Culturas, en Tlatelolco, se llama así porque confluyen en este sitio tres momentos de la historia de México. Por una parte, las pirámides y ruinas prehispánicas del pueblo mexica llamado Tlatelolco, donde se encontraba un gran mercado que reunía mercancías provenientes de Mesoamérica.

La Conquista y la época colonial hacen eco por el convento y catedral de Santiago. También se fundó aquí el Colegio de Santa Cruz de Tlatelolco, a cargo de Bernardino de Sahagún y Juan de Zumárraga, evangelizadores españoles.

La Torre de Tlatelolco —sede hasta 2005 de la Secretaría de Relaciones Exteriores, donde hoy se encuentra el Centro Cultural Universitario y El Memorial del 68 de la UNAM—, así como el conjunto habitacional Nonoalco Tlatelolco representan al México moderno.

La batalla decisiva entre mexicas y españoles se llevó a cabo en este sitio, el 13 de agosto de 1521. El emperador Cuauhtémoc fue obligado a capitular ante Hernán Cortés. Pero ésa no fue la única matanza que ocurrió aquí. Cuatrocientos años después, el 2 de octubre de 1968, cientos de civiles, sobre todo estudiantes, murieron a manos del ejército y la policía por órdenes del entonces presidente Gustavo Díaz Ordaz y su secretario de Gobernación, Luis Echeverría.

Se vivió una nueva tragedia cuando el terremoto de 1985, que debastó la Ciudad de México, causando decenas de miles de muertes, cobró la vida de centenares de habitantes de Tlatelolco, sobre todo en el edificio Nuevo León.

CENTRO CULTURAL UNIVERSITARIO TLATELOLCO DE LA UNAM
Ricardo Flores Magón 1, esquina con Eje Central.
Ubicado en el antiguo edificio de la Secretaría de Relaciones Exteriores, en la Plaza de las Tres Culturas, el CCUT es un espacio dedicado a actividades artísticas y académicas. El Memorial del 68, que forma parte del CCUT, es un recinto dedicado a honrar la memoria de los sucesos ocurridos el 2 de octubre de 1968. Su acervo consta de materiales originales grabados por TV UNAM, materiales gráficos y audiovisuales.

La Colección Andrés Blaisten, uno de los más importantes acervos de arte mexicano del siglo XX, se expone en el interior del Centro Cultural Universitario Tlatelolco.

Ante Tlatelolco y su drama se retiran, definitivamente trascendidas, las falsas costumbres de la representación de *Don Juan Tenorio* y el humor de las calaveras y los juguetes mortuorios de azúcar que llevan un nombre. Se liquida la supuesta intimidad del mexicano y la muerte. Ante lo inaceptable, lo inentendible, lo irrevocable, la respuesta de la familiaridad, la resignación o el trato burlón queda definitivamente suspendida, negada. Más aguda y ácida que las otras muertes, la de Tlatelolco nos revela verdades esenciales que el fatalismo inútilmente procuró ocultar. Permanece el Edificio Chihuahua, con los relatos del estupor y humillación, con los vidrios recién instalados, con el residuo aún visible de la sangre, con la carne líbida de quienes lo habitan. Hay silencio y hay el pavor monótono del fin de una época...

DÍAS DE GUARDAR, 1970.

DE GARIBALDI A LA LAGUNILLA, BASÍLICA, EL CHOPO Y ANEXAS

LA HISTORIA CONDENA LAS TESIS LITERARIAS Y ROMÁNTICAS Y EN TLATELOLCO SE INICIA LA NUEVA, ABISMAL ETAPA DE LAS RELACIONES ENTRE UN PUEBLO Y SU SENTIDO DE LA FINITUD.

DÍAS DE GUARDAR, 1970.

Casi históricamente, se puede dar el 2 de octubre de 1978 como fecha de implantación ostensible de la tolerancia, todo lo restringida que se quiera, pero irreversible. Ese día. A la marcha que conmemoraba el décimo aniversario de la matanza de Tlatelolco, se añadió un contingente de homosexuales, quienes atrajeron más curiosidad que rechazo, más antipatía del reflejo condicionado que odio. A partir de esta ardua inclusión, hecha posible por la intrepidez de los militantes gay y por la solidaridad de sectores de la izquierda, fue variando la percepción del grupo más despreciado y ridiculizado en la vida social. Los homosexuales acudieron

» ¡Por supuesto! Y entre los grafiteros menos.

a la televisión y a la radio, publicaron revistas, iniciaron la marcha anual del Orgullo Gay, impulsaron mesas redondas y conferencias en todo el país, expresaron libre y *obscenamente* sus ideas y prácticas de la sexualidad en novelas, cuentos, obras de teatro, coreografías, películas. Fueron la prueba de fuego de la tolerancia y la rápida demostración de que, en verdad, una mentalidad diversa había madurado en el país de manera imperceptible. Entre pleitos eternos, sectarismos, quizás inevitables en todo movimiento nuevo, y notables compromisos vitales, lo *gay* fue estableciendo su derecho a existir públicamente.

NEXOS, JULIO DE 1989.

VEO ESE DÍA (EL 2 DE OCTUBRE DE 1968) COMO UNO DE LOS MÁS TRISTES DE MI VIDA.

ENTREVISTA CON MARGARITA RODRÍGUEZ, BBC MUNDO, S/F.

68

» Gustavo Díaz Ordaz no entendió que los estudiantes sólo buscaban mejores condiciones educativas y no una revolución que derrocara al poder.

La inflexibilidad se confiesa desde la arquitectura. Los edificios de Tlatelolco extienden un acto de la voluntad estatal: hay que pensar en proporciones gigantescas que exorcisen el complejo de inferioridad y nos prueben los iguales de cualquier nación. ¿Qué expresa esta arquitectura, la de Tlatelolco y los nuevos edificios olímpicos? Aventuro una hipótesis: expresa la voluntad de los líderes mexicanos de elevarse por sobre las realidades de su tiempo. Y señala hacia la psicología y la moral (la ideología) que se traducirán en prisiones y matanzas.

AMOR PERDIDO, 1976.

Había un Himno Nacional de festivales escolares y ritos establecidos y había el Himno Nacional entonado por los estudiantes cuando el ejército invadía las escuelas, entonado por los manifestantes ante la vista de los granaderos. Ese Himno Nacional unía a los presentes, abandonaba su *fulgor abstracto* y relacionaba este momento con el inventario de los restos del orgullo cívico. El acto concluía. Los oradores espontáneos querían seguir agitando: ya no se les oía, ya no se les veía. El Movimiento Estudiantil de 1968 daba comienzo.

DÍAS DE GUARDAR, 1970.

NINGÚN 2 DE OCTUBRE DESDE EL FATÍDICO 1968 HA PODIDO PASAR INADVERTIDO EN MÉXICO.

ENTREVISTA CON MARGARITA RODRÍGUEZ, BBC MUNDO, S/F.

En la UNAM, el 68 engendra consecuencias diversas. Por un lado estimula la cívica y la revisión de la historia nacional, amplía y sistematiza la conciencia académica (hasta entonces representada en forma que hoy calificamos de simbólica), solidifica el distanciamiento crítico con el Sistema. También, vuelve un fetiche, el rechazo al gobierno (lo que después y por vías opuestas hará del oportunismo una necesidad adoptativa)...

NEXOS, ABRIL DE 1990.

EN 1968, SE CONOCE Y SE RECONOCE —EN FORMA VIOLENTA Y SINÓPTICA— LA MANUFACTURA DE UNA HISTORIA PÚBLICA Y LA FORJA DE UNA HISTORIA VERDADERA.

AMOR PERDIDO, 1976.

» En Tacuba, antiguo y bello pueblo con construcciones señoriales, pocos recuerdan que allí se redactó un plan que dio inicio a la Guerra de Reforma en el siglo XIX.

Hay carpas —sitios que mezclan el circo con el teatro frívolo— casi en cada barrio, instalados en cualquier lote baldío, en La Merced, Santa Julia, Tepito, Balbuena, la Colonia de los Doctores… caben trescientas o cuatrocientas almas en sillas desmontables, el aspecto de la concurrencia armoniza con el precio de la entrada, y lo que se ve tiene un aire hogareño: vecinas fachosas, bancas despintadas, telones raídos que insisten en amoríos de los volcanes, y en el repertorio de las veladas familiares: cantantes, magos, bailarinas y payasos que no se deciden a ser cómicos o cómicos que se atienen a lo aprendido siendo payasos.

ESCENAS DE PUDOR Y LIVIANDAD, 1988.

PARROQUIA DE TACUBA O DE SAN GABRIEL ARCÁNGEL
Calzada México-Tacuba, casi con Golfo de Campeche.
Se encuentra en el barrio de Tacuba, del náhuatl *Tlacopan* o *tierra florida*, uno de los reinos que rodeaban la antigua Tenochtitlan. En esta Parroquia hay una figura del Niño Jesús vestido con el uniforme de la Selección Nacional de futbol… y un busto del tenor Plácido Domingo.

Tianguis del Chopo

EN EL TIANGUIS DEL CHOPO CADA ROLA NO ES PARTE DE UNA ATMÓSFERA, SINO LA ATMÓSFERA MISMA, LA VIBRACIÓN EN ESTADO

PURO. SEGÚN LOS ENLOQUECIDOS DEL ROCK, LA BELLEZA CONVULSA SE CONCENTRA EN UN MINUTO ÚNICO EN EL DISCO IMPOSIBLE DE HALLAR.

LOS RITUALES DEL CAOS, 1995.

MUSEO UNIVERSITARIO DEL CHOPO
Dr. Enrique González Martínez 10, Santa María la Ribera.
Este edificio se construyó en 1902, en Alemania, para presentarse en la Exposición Industrial de Düseldorf. Ese mismo año, un empresario mexicano, José Landero Cos, decidió comprarlo y lo trasladó, pieza por pieza, en barco, hasta Veracruz y de ahí por ferrocarril hasta Santa María la Ribera, donde se fincó en los terrenos de la calle del Chopo (nombre del árbol de origen africano, *Populus nigra*) para albergar exposiciones industriales. Entre 1913 y 1964 fue sede del Museo Nacional de Historia Natural. A partir de 1975 se convirtió en el Museo Universitario del Chopo.

SEDE DEL PARTIDO REVOLUCIONARIO INSTITUCIONAL
Avenida Insurgentes Norte 59, colonia Buenavista.
El presidente Calles lo llamó Partido Nacional Revolucionario, en 1929; una década después, Lázaro Cárdenas lo rebautizó como Partido de la Revolución Mexicana. Fue Manuel Ávila Camacho quien, en 1946, le dio su nombre actual. El PRI mantuvo el poder absoluto sobre México entre 1929 y 1997, cuando perdió la mayoría en la Cámara de Diputados. Hasta 2000, todos los presidentes de México provenían de ese partido.

ESTACIÓN BUENAVISTA
Avenida Insurgentes y Eje 1 Norte.

La antigua Estación de Ferrocarriles Buenavista es actualmente una terminal del tren suburbano, en Insurgentes Norte. Obtuvo ese nombre por la magnífica panorámica que desde ahí se apreciaba. Aquí se inició la historia del ferrocarril en México, cuya construcción comenzó en 1837 y culminó a principios del siglo XX, en la última década del porfiriato. A fines de los años noventa, Ferrocarriles Nacionales pasó a manos de capital privado y dejó de operar el primero de septiembre de 1999.

Inaugurado el 10 de enero de 1873, el Ferrocarril Mexicano, el primero en el país, hizo su primer viaje al Puerto de Veracruz, con el presidente Lerdo de Tejada. El servicio de pasajeros dejó de operar en 2000. Eran cinco las estaciones de ferrocarril en la Ciudad de México: Buenavista, colonia, donde hoy se encuentra el Monumento a la Madre, San Lázaro, Ferrocarril Hidalgo, en las viejas calles de Boleo, y Ferrocarril Mexicano, atrás de la vieja estación de Buenavista.

MEGABIBLIOTECA JOSÉ VASCONCELOS
Eje 1 Norte, esquina Aldama s/n, Buenavista.

La Biblioteca Vasconcelos fue inaugurada el 16 de mayo de 2006. Brinda acceso gratuito a servicios bibliotecarios y a diversas actividades culturales; pone a disposición del lector un acervo bibliográfico integrado por 550 mil libros así como sus colecciones de material multimedia, infantil, en sistema Braille y musical.

Cuenta con servicios de orientación al usuario y expedición de credenciales, lo que permite el préstamo de libros en sala y a domicilio. Ofrece, además, un área de consulta de enciclopedias y diccionarios. Existen en la biblioteca 617 computadoras; 472 con conexión gratuita a Internet y 145 en las salas de servicios especiales.

En la Sala Multimedia se encuentran más de mil documentos audiovisuales, como cursos de idiomas, películas y tutoriales.

La Sala de Música se integra por más de 14 mil archivos sonoros en soporte digital y además ofrece al usuario el préstamo de instrumentos musicales como piano, guitarra o violín electroacústicos.

En la Sala Infantil los niños pueden participar en talleres de cómputo, actividades para el fomento a la lectura y lúdicas. La sala Braille para invidentes y débiles visuales cuenta con más de 9 mil volúmenes para consulta además de contar con scanners lectores de texto e impresoras en braille. El Auditorio tiene capacidad para 500 personas y esta equipado para albergar, conciertos, orquestas, danza, obras de teatro, congresos, etc. El catálogo de la biblioteca puede ser consultado a través del sitio web www.bibliotecavasconcelos.gob.mx.

DE GARIBALDI A LA LAGUNILLA, BASÍLICA, EL CHOPO Y ANEXAS

¿A dónde váis, Monsiváis? } 98 { Guía del DF de Monsiváis

DE LA ZONA ROSA A CHAPULTEPEC

¿A dónde vais, Monsiváis? } 100 { Guía del DF de Monsiváis

Los nombres pueden cambiar y proliferar; se comerá mejor o peor; habrá compañía agradable o desagradable, mas un hecho inmutable prevalece: la Zona Rosa es un cálido impulso financiero, no una forma del México nuevo,

no una expresión de cambios cualitativos, no la concreción de la vanguardia: es, dicho del modo más simple, un gran centro alimenticio y de reunión, el núcleo de las apariencias complacidas de una formidable cosmopolitización.

DÍAS DE GUARDAR, 1970.

JENARO VILLAMIL
LA ADUANA MONSIVARIANA

Empecé a leer a **Carlos Monsiváis**, en **Mérida**. A los 12 o 13 años leía *Por mi madre, bohemios* y luego textos ya clásicos, como *Escenas de pudor y liviandad*. El primer libro que leí completito, de una manera muy exaltada, fue *Los rituales del caos* y *Nada, nadie, las voces del temblor*. Yo había estado en la **Ciudad de México** unas semanas antes del terremoto del 85, cuando tenía 14 años, pero conocí personalmente a **Carlos** hasta que vine a trabajar a la **Ciudad de México** y entré al periódico *El Financiero*, en 1993, en la mejor etapa, cuando el pleito con **Salinas** hizo que se convirtiera en el diario más antisalinista, donde colaboraban muchas de las plumas de los escritores y periodistas más críticos y lúcidos de ese momento. A **Alejandro Ramos**, que era mi jefe, siempre le pedí que me presentara a **Monsiváis**. Se rió: "¿Para qué quieres conocerlo?", pero lo conocí. Raro en **Carlos**, quien tiene una memoria prodigiosa, no se acuerda pero, a partir de ese momento, empecé a romper la relación clásica del lector y empecé a buscar al autor.

Realmente me hice amigo de **Carlos**, en 1996. La *aduana monsivariana* no fue tan dura conmigo y, a partir de 1998, establecimos una amistad fuerte. Empecé a colaborar con él en *Por mi madre*... Le dio mucha risa una dedicatoria que le hice, bastante chusca, en un libro que le regalé. El quiebre de la cercanía fue a través de preocupaciones e intereses comunes en ese momento, como era la epidemia de **VIH** que sigue siendo para **Carlos** una preocupación fundamental, al igual que para mí, además del periodismo, por supuesto, la política, la *grilla* a todo lo que da, y a un tercer nivel la cotidianeidad de cuates: nos hablamos cinco o seis veces al día.

Calistenia informativa

A diferencia de la clásica relación, en donde se recomienda no conocer al autor, en el caso de **Carlos** ésa fue una operación muy distinta. Al hacerlo revaloré muchas cosas de su obra que no había captado. **Carlos** necesita siempre una relectura: no es ni facilito ni sencillito ni esquemático. En realidad yo diría que, básicamente, sigo siendo un lector de **Monsiváis**, sólo que ahora lo leo mejor, porque obviamente la posibilidad de conocer a la persona te da la oportunidad de debatir y de captar hablando, platicando, discutiendo qué quiso decir, hacia dónde va, sus códigos. A diferencia de otros autores, **Carlos** no se vino en pendiente: su gama de intereses se volvió cada vez más compleja y su prosa cambió también. Antes era mucho más rebuscada. Dejó de ser el niño genio que quería demostrar que lo sabía todo —y ésa era la parte donde yo me proyectaba— y se volvió un elaborador de tesis históricas, filosóficas, políticas, culturales mucho más profundas.

Traigo muy a flor de piel la parte periodística: esa ansiedad de estar informado todo el tiempo, en esencia, de la política mexicana, y de la parte mediática. Yo me volví una especie de *dealer* de **Carlos**, en el sentido de que le digo: "¿Ya leíste esta nota? ¿Ya leíste esta otra?" Él disfruta esa suerte de calistenia informativa, pero creo que ahí yo aporté a la amistad, y él mucho más porque me dijo que me especializara, y eso fue fundamental en mi carrera. Me señaló que mis temas eran los medios y lo hizo muy tempranamente, en el 98 o 99. Le tomé la palabra, y efectivamente, logré canalizar mi carrera a través de esa especialización. Esto es algo muy claro en **Carlos**. Tiene el olfato suficiente para encauzar a sus amigos o a los que no son sus amigos. Te dice: "Ven por acá."

Sistema de exclusas

Si logras mantener un nivel de interlocución permanente con una persona, la amistad se va dando por sí sola. Entre **Carlos** y yo existe una identificación en intereses, en posiciones políticas, en visiones periodísticas, en causas. Hay amistades que se van dando a partir de empeños compartidos. La primera gran motivación compartida es el rollo de la tolerancia, de la diversidad y de la condena a la homofobia. ¡En lo único que no lo sigo es en su misoginia!

Se trata de vasos comunicantes que cada vez se van haciendo más intensos, de modo que la amistad se va dando por sí sola en distintos niveles —en lo personal, en lo cotidiano—, pero para que haya eso el pacto primario de amistad tiene que mantenerse: el interés de él en mí, y viceversa, no se ha agotado.

Carlos es como el **Canal de Panamá**: tiene un sistema de exclusas que se van abriendo y cerrando, hasta que ya pasas a otro nivel. Pertenecí al club que los sábados iba a ver películas a su casa. También nos veíamos mucho en el **Auseba** después de sus recorridos por la **Plaza del Ángel**. Esto es algo muy interesante en **Carlos**: aunque tiene un sistema de exclusas no te obliga a compartir todos sus intereses; no es totalizante, no a fuerzas tienes que saber de antigüedades o de arte. A diferencia de él, yo no tengo el ansia del coleccionismo porque soy hijo de coleccionistas: de numismático y de filatelista, de modo que es una psicología que conozco bien. Es la misma del jugador; es una adicción, un placer. Esencialmente, un placer solitario. El pozo no se llena jamás, como lo sabe cualquier coleccionista.

A **Carlos** le apasiona el grabado, el arte-objeto, la fotografía, de las cuales tiene más de 150 mil. Después cambiamos las reuniones aquí, a **El Péndulo** de la **Zona Rosa**, y los domingos solemos comer con otra bola de amistades, por lo general en el restaurante **André** de **Miguel Ángel de Quevedo** o en **Bellas Artes** o en casa de **Chema Pérez Gay** o en casa de alguien más. Se vuelve ya una reunión familiar. A eso iba yo: **Carlos** se vuelve parte de tu familia. Él se vuelve tu familia. Somos familias alternas.

Mundos distintos

En abril de 2003 una serie de organizaciones que iban a participar en una manifestación contra la guerra de **Iraq** invitó a **Carlos** a hablar en el mitin que se iba a llevar a cabo en **El Ángel de Reforma**. **Carlos** tenía que escribir un texto. Suspendió sus citas habituales de los sábados. Fue la única vez que suspendió su chachareo en la **Plaza del Ángel**. Se fue allá arriba (en **El Péndulo**) y se puso como un niño, como un gato, a esperarme, no para que yo hiciera o dijera algo. Lo que quería era un nivel de complicidad. Estuvo a punto de no subir al estrado durante la marcha. Le dije que no se echara para atrás. Él me respondía que le iban a chiflar. Le tiene pánico a la masa. Ésa es una cosa psicológica que poco se ha captado. A pesar de ser tan identificable, tan querible con la masa, a él lo intimida muchísimo. Subió y desde luego le fue muy bien. Le aplaudieron mucho, pero él tenía la necesidad de sentir que alguien lo protegía contra la vulnerabilidad frente a la masa. Recuerdo otra anécdota, muy fuerte. Ocurrió en el **Zócalo**, en 2000. Tenía algo que ver con **Chiapas**. **Sergio Pitol** y **Carlos** llegaron al **Zócalo** por **20 de Noviembre**. De inmediato, la gente lo reconoció, pero ya no era multitud, era masa, y se le fue encima. Para un político eso es oro molido, pero para alguien como **Carlos**, a quien no le gusta que lo toquen, toda esa gente que se le abalanzó lo hizo entrar en pánico. Un amigo y yo lo sacamos. De ahí surgió un grado de amistad mayor. Pero ésas son relaciones muy poco explicadas. A **Carlos** le atrae, le apasiona, observar, pero no que la masa se le venga encima.

Otro momento muy duro para él fue una manifestación contra la guerra en **Iraq**. Él no iba a hablar. Cuando entró al **Zócalo**, unos castristas comenzaron a gritarle con un nivel de odio impresionante. **Carlos** se quedó paralizado. Iba con **Marta Lamas**. No se le olvida el odio con que esos provocadores, mandados por alguien, lo increpaban, pero esas experiencias también forman parte de su ser urbano y su ser político.

Por fortuna, **Carlos** funciona perfectamente en cualquier parte de la ciudad. Él trae como una ruta; más bien son como rutas preestablecidas. Es como un pesero con muchas estaciones en el viaje y con la disponibilidad de cambiar su itinerario. Es muy divertido salir con él porque puede llevarte a los lugares más insólitos: pasamos de **La Lagunilla** a una fonda en el **Centro Histórico**, a venir aquí, al **Ángel**, a una comida en el **Bellinghausen** y a terminar en una cena muy elegante en casa de los **Arvil**. Puede pasearte por todos los niveles. Es eso: un pesero que rebasa las clases sociales y los sitios clásicos de las tribus urbanas. Es metacomunitario; es capaz de, en un mismo día, estar en mundos distintos. No sé si los disfrute por igual, pero los puede manejar y te divierte mucho si te lleva. Ésa es parte de su vida. (**lep**)

CAFETERIA EL PÉNDULO
Hamburgo 126, colonia Juárez.
Esta cafetería, librería y restaurante sirve de refugio habitual para Carlos Monsiváis y los amigos que los sábados lo acompañan a las antigüedades del Pasaje del Ángel, muy cerca de ahí.

La cafetería El Péndulo está en la calle de Hamburgo que, al igual que todas las demás de la Zona Rosa, tiene nombres de ciudades europeas, con la excepción de la calle de Tokio (que es una ciudad asiática, por si a alguien se le escapa).

A mitad de camino entre el Centro Histórico y el Bosque de Chapultepec, la Zona Rosa se llama así porque no es ni roja ni blanca sino bohemia. Forma parte de la colonia Juárez. Aprovechando el curso del Paseo de la Reforma, avenida Insurgentes y el Paseo de Bucareli, la colonia Juárez surgió a fines del siglo XIX.
Inicialmente se llamó colonia Americana porque lo mejor de la sociedad porfiriana, los inmigrantes y los diplomáticos, decidieron crear aquí una zona residencial cuyas calles llevan los nombres de las principales capitales europeas.

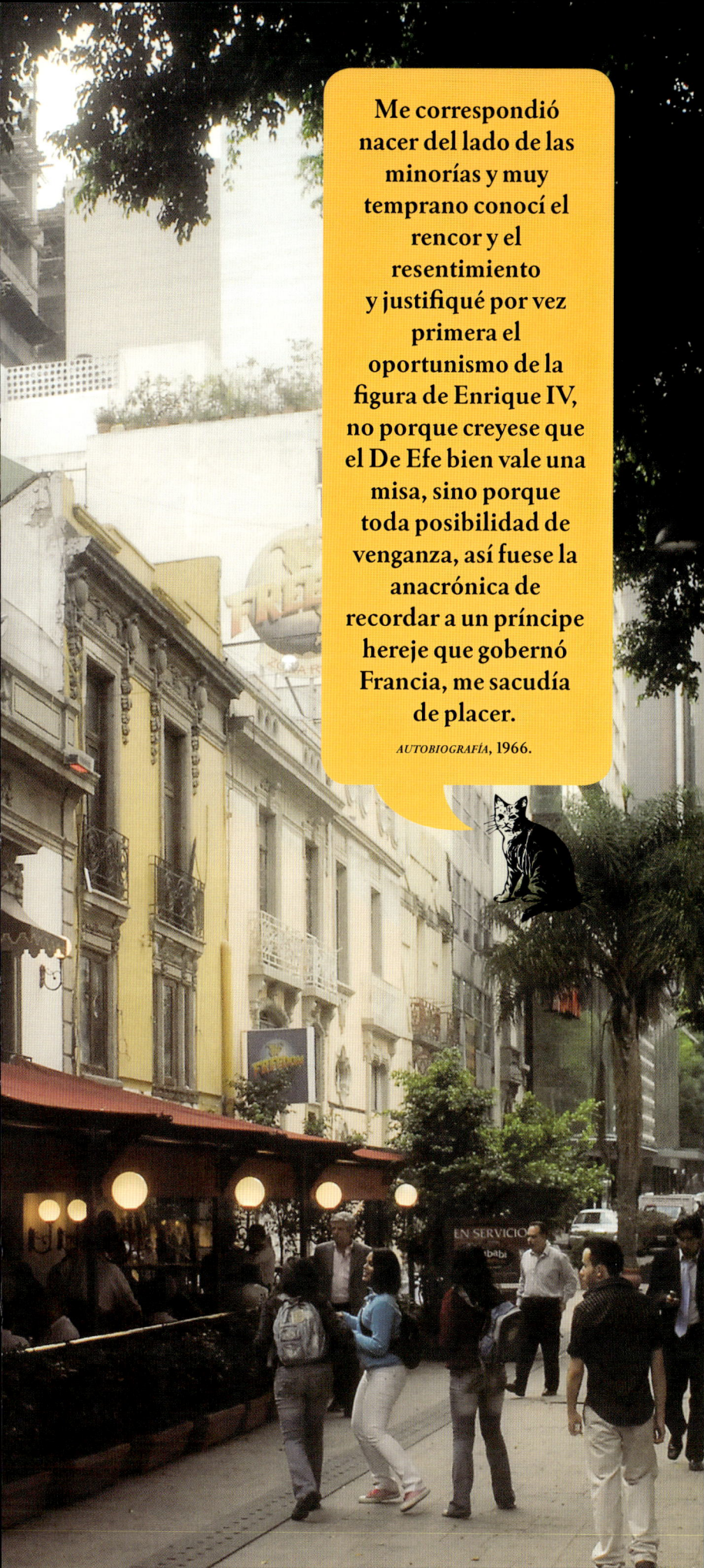

> Me correspondió nacer del lado de las minorías y muy temprano conocí el rencor y el resentimiento y justifiqué por vez primera el oportunismo de la figura de Enrique IV, no porque creyese que el De Efe bien vale una misa, sino porque toda posibilidad de venganza, así fuese la anacrónica de recordar a un príncipe hereje que gobernó Francia, me sacudía de placer.
>
> *AUTOBIOGRAFÍA*, 1966.

GLORIETA DE INSURGENTES
A cuatro cuadras del Paseo de la Reforma, entre Insurgentes y Chapultepec.

Esta enorme glorieta se ubica en un desnivel de ocho metros. Ahí están la estación del Metro Insurgentes, la parada Glorieta de Insurgentes del Metrobús, el monumento al Sereno y diversos comercios. Este sitio se ha vuelto punto de reunión de la llamada tribu urbana *emo*.

Emo describe un comportamiento de infelicidad o melancolía, cuya estética es la de una persona triste y amargada, con "problemas emocionales". El término se usó para describir un género de música de los años 80, que proviene de la palabra *emotive*, que significa *afectivo* o *emotivo*. Los *emos* llevan piercings, tatuajes y, a diferencia de otras tribus urbanas como los góticos, suelen usar algún accesorio fluorescente para romper la monotonía de la ropa oscura, reatas de taches, pelo de medio lado cubriendo el ojo derecho, entre otras características. Los *emos* sienten especial afecto por las películas de Tim Burton.

A un lado de la Glorieta de Insurgentes se ubica la Zona Rosa, que es uno de los lugares turísticos, comerciales y financieros más importantes de la Ciudad de México. Esta zona es reconocida como la de mayor número de restaurantes y clubes nocturnos dirigidos a la población homosexual de la ciudad.

DE LA ZONA ROSA A CHAPULTEPEC

MUSEO DE CERA
Londres 6, colonia Juárez.

Se encuentra en el edificio de la Antigua Hacienda de La Teja, construida entre 1900 y 1904 por el arquitecto Rivas Mercado, con estilo *art nouveau*. Hoy, el museo alberga más de 200 figuras de cera de personajes famosos.

El visitante puede tomarse una foto al lado de las principales personalidades del mundo de la historia (Hidalgo, Villa, Zapata), el arte (Salvador Dalí, Frida Kahlo, Diego Rivera, Vincent Van Gogh), la política (desde Díaz Ordaz hasta Felipe Calderón), el deporte (Cuauhtémoc Blanco, Ana Guevara), el cine y la television (*Cantinflas, El Lonje Moco*), la fantasía (Blanca Nieves) y el terror (Frankenstein), aunque los límites entre cada género a veces son difíciles de trazar. A manera de *souvenir*, cada visitante puede llevarse a casa una escultura de cera de su propia mano. Inaugurado en 1979 por el entonces presidente López Portillo, el museo todavía no cuenta con una figura de cera de Carlos Monsiváis.

La Zona Rosa fue el resultado de esta necesidad inaplazable de cambio, de este requerimiento de nuevo *status*. La Zona Rosa, centro de la moda, ha sido también y simultáneamente una invención del ánimo, el punto de partida del México *pop* y *op*, la sede del México-Petronio que dictaminará elegancia y cultura, *new look* y nuevos

DE LA ZONA ROSA A CHAPULTEPEC

environments. Descaro. Juventud. Desenfado. Audacia. Exhibicionismo. Muerte del prejuicio. Extravagancia. Costos elevados. Calidad. Distinción. Fantasía. Allí se han forjado y se han deshecho y se han ignorado reputaciones y prestigios, se ha arriesgado la hipótesis de que existían mitos y leyendas no registrables por *Time Magazine*.

DÍAS DE GUARDAR, 1970.

RAFAEL BARAJAS *EL FISGÓN*
JURADO DE GATO Y SECRETARIAS

Desde hace ya más de veinte años voy con **Carlos** a buscar chácharas, a comprar papeles viejos. Primero íbamos mucho a **La Lagunilla** y encontrábamos cosas que no le interesaban a alguien más y que, a la larga, se ha probado que tienen un valor cultural importante. Por ejemplo revistas de caricatura mexicana del siglo XIX, fotografías antiguas. Incluso **Carlos** fue de los primeros en rescatar o en darle un valor al trabajo de gente como **Miguel Covarrubias**, **Agustín Jiménez**, **Andrés Audifred**, **Cabral** y de muchos otros autores que eran menospreciados. Todas estas cosas son muy curiosas porque, básicamente, **Carlos** conseguía objetos que valieran la pena y que pudiera comprar. Ésa es la base de lo que ha sido la colección del **Estanquillo**. Es muy impresionante el ojo que tiene, y eso se debe a su cultura. Ahí donde nadie ve nada él encuentra tesoros culturales.

El coleccionismo es una de las áreas de la cultura que ha sido más vilipendiada en **México**: se ve a los coleccionistas como seres avariciosos, muy mala onda, o se considera que es una cosa sólo para ricos. No, en realidad el coleccionismo es una actividad cultural muy importante. Los museos nacen por los coleccionistas. La base de todos los museos del

PLAZA DEL ÁNGEL
Londres 161, Zona Rosa.
Los sábados, los pasillos de este pasaje de tiendas de antigüedades se llenan de puestos donde pueden hallarse desde miniaturas y viejos afiches de cine, hasta muebles, objetos y obras de arte de valor inestimable. Este sitio se volvió una alternativa al mercado de pulgas de La Lagunilla.

mundo es la *necedad* de algunos coleccionistas.

Coleccionista de *todo*

Mi amistad con **Carlos** nació por esto. Nos encontramos una vez en una convención de historietas, en **Cocoyoc**. Entonces fue muy chistoso porque le dimos un aventón de **Cocoyoc** a la **Ciudad de México**, y éramos una serie de *moneros* jóvenes: estaban **Ahumada**, **Santiago Cohen**, y **Carlos** nos puso a prueba, como suele, para ver si en realidad sabíamos algo de historieta. Estábamos impresionados con todo lo que sabía. Que nosotros tuviéramos nociones del cómic no tenía ningún chiste, que él supiera tanto de autores, personajes y publicaciones, demás datos era maravilloso porque sabía más que todos nosotros. Después de eso, un día me invitó a ir a **La Lagunilla** a ver materiales de caricatura mexicana porque a mí me interesaba el tema. Yo también empecé a juntar cosas. Vas a ver, ¡ahora soy un desastre! Ése es uno de los problemas del coleccionismo, que todo se te vuelve caótico.

Es una enfermedad muy adictiva. La semana que voy y no consigo algo muy bueno se vuelve frustrante. Entonces me meto a internet a ver qué encuentro. La verdad es que **Carlos** tiene el problema de que no colecciona una cosa, colecciona todo: ediciones, libros, primeras ediciones, ediciones firmadas, ediciones ilustradas, grabado, miniaturas, fotografía. Lo que tiene es como una colección de colecciones.

Dejamos de ir a **La Lagunilla** porque el mercado se sofisticó y muchas de las cosas que solíamos encontrar ahí las trasladaron a **Plaza del Ángel.**

Ahí no sólo lo conocen: le consiguen lo que le gusta, porque saben qué cosas le interesan. Es chistoso porque luego hay gente que lo invita a dar conferencias y le paga en especie. "Tengo aquí un manuscrito de **Villaurrutia**", y cosas por el estilo. Él ha hecho un rescate muy importante de artículos de la cultura nacional. Tiene una colección muy padre del centenario de la **Independencia**, de foto, de imágenes de **Agustín Jiménez**, quien era un hombre por el que nadie daba nada. El problema eterno que tendrá el **Museo del Estanquillo** es cómo se curan las innumerables exposiciones que saldrán del acervo de **Carlos**, porque son más de nueve mil piezas: es muy impresionante. Ha invertido casi todo su capital en eso que ha donado a la ciudad.

Vamos al **Centro**, a **librerías de viejo**, a estas cosas que son muy específicas. Él sabe encontrar objetos maravillosos y fantásticos, y hace de la cultura algo muy divertido. En ese sentido es un excelente maestro.

Repite la misma magia a donde quiera que esté. Sabe ver. Es más que un don. Yo estoy convencido de que el hecho de que él sepa ver y encontrar estas cosas parecería un acto de magia pero no, es conocimiento acumulado.

Pasante con *honoris causa*

Carlos fue conocido desde chiquito porque participaba en un programa que se llamaba *Los catedráticos*, un famoso programa de radio de preguntas y respuestas. Él formó parte de un grupo de alumnos, con **Alcaraz** y otras personas, quienes eran imbatibles, lo sabían todo. Era de veras un niño genio que formaba parte de una generación muy brillante: **José Emilio Pacheco, Carlos Fuentes, Porfirio Muñoz Ledo, Enrique González Pedrero**; era gente muy capaz que estudiaba y, digamos, quería mucho a este país, entendía la cultura mexicana y le dio, de hecho, una nueva proyección. Lo que impresiona es que la gente conoce a **Carlos**, lo reconoce y lo quiere. Es un personaje muy entrañable de esta ciudad. Se maneja en diversos niveles: sabe muchísimo de todo, su memoria es prodigiosa. A cada rato te encuentras con cosas sorprendentes. Sabe mucho de ciencia, cosa que yo no esperaba. También de teoría científica y de filosofía de la ciencia. Su trivia de cine es impresionante, pero no sólo eso: tiene varios doctorados *honoris causa*, ¡y tiene grado de pasante, no ha acabado la licenciatura! Aunque obviamente sabe mucho más que cualquier cantidad de "doctores".

Jurado de gatos y de secretarias

Parece que duerme muy poco, menos de cuatro horas al día. Se la pasa leyendo desde muy temprano. Te voy a contar dos cosas que poca gente sabe: cuando él era chiquito, su mamá trabajaba con **Artemio de Valle Arizpe**, quien le daba cosas a leer. Entonces ahí tenías un niño de diez años leyendo a **Pío Baroja** y luego comentaba sus lecturas con **don Artemio**. Él estudió, creo que en **Harvard**, donde hizo una tesis muy complicada sobre economía y relaciones internacionales, su asesor de tésis fue **Henry Kissinger**. No es cualquier cosa.

Tiene todas estas vertientes; te encuentras con que no puede ir a tal o cual lugar porque tiene que hacerla de jurado en un concurso de gatos o en uno de taquigrafía o de secretarias. Da conferencias sobre gatos en la **Facultad de Veterinaria** y a todos lados se transporta en taxi.

Tiene una memoria fotográfica. Da la impresión de que ve una página, la lee en segundos, y al verla, la *escanea* a una velocidad que el *scanner* no tiene; además es capaz de platicártelo, comentártelo, recitarte partes del texto. Esa misma memoria la tiene para la ciudad. Fue secretario de **Siqueiros** y estuvo muy cerca de **José Revueltas**: a **Carlos** y a **Revueltas** los expulsaron del **Partido Comunista**. Entiende todo lo que es la cultura popular pero también entiende todo lo que es la alta cultura. Encuentra nuevas vetas. Tiene un método de análisis muy curioso, porque sin haber inventado una estructura filosófica y de análisis, ata una gama muy amplia de materias, por eso es tan buen cronista, tan buen observador: sabe de tecnología, de matemáticas, de historia. Entonces puede hacer una serie de análisis muy curiosos que te llevan a descubrir comportamientos y actitudes.

Robando cámara

Catecismo para indios remisos es uno de los grandes libros que se han escrito y me sorprende que no tenga más éxito del que tiene, aunque es bastante, pero, aun así, siento que mucha gente todavía no le "da el golpe". Para la calidad de libro que es, merecería más atención. Tiene unas fábulas maravillosas: como la del indio que se plantea cuántos ángeles caben en la cabeza de un alfiler, lo empieza a tallar y se da cuenta de que caben infinidad de ángeles.

Monsiváis es un personaje de esos que se dan muy rara vez. Me gustaría hacer un recorrido con él por todos los lugares sagrados del neoliberalismo mexicano porque de verdad sabe de eso.

Sale en un programa de ese deporte y le roba la cámara a los especialistas. No sabe de futbol pero entiende cosas que muchos que sí saben no entienden. Es un personajazo: jurado de gatos y de secretarias.

Cuando vino el **Papa** a **México**, él hizo el discurso que **Cárdenas** leyó ante el pontífice, y lo hizo muy bien. Tenía un programa en que improvisaba cuentos fantásticos, como el del paranoico que acaba siendo asesinado por todos en un vagón del Metro. Se paraba y se ponía a improvisar.

A mí, todos los días me sorprende. Hay dentro de él mundos enteros que no conocemos. **(lep)**

Entre las primeras glorietas que hubo en la Ciudad de México estuvo la que ocupaba la estatua de Carlos IV, *El Caballito*, de Manuel Tolsá, que en 1852 marcaba el inicio del Paseo de Bucareli (el de la Reforma todavía no existía), entonces una hermosa avenida donde había otras tres, cada una con una fuente. Sólo se conserva la del Reloj Chino, cerca de la actual Secretaría de Gobernación. Hoy, la avenida Reforma está adornada por las siguientes glorietas: Fuente de Petróleos; Diana Cazadora, que ha cambiado de sitio en tres ocasiones; el Ángel de la Independencia; la de la Palma; la de Cuauhtémoc, Colón, Simón Bolívar, San Martín, Cuitláhuac y Peralvillo. Hubo una de Mariano Escobedo pero ya no existe.

RAFAEL PÉREZ GAY
MONSIVÁIS *ERA* LA ZONA ROSA

Uno de los primeros recuerdos que yo tengo de **Carlos Monsiváis** y de la **Ciudad de México** que **Carlos Monsiváis** ha cronicado, estudiado y también inventado es un lugar que se llama el **Auseba**, una pastelería en la calle de **Hamburgo**, casi esquina con **Florencia**; hablo quizá de los tempranos años ochenta. Yo era uno de los que se habían integrado al suplemento de la **Cultura en México**, que entonces **Carlos** dirigía. Tenía la costumbre de citarnos, solos o en grupo, y la anécdota a la que me voy a referir es que era rarísimo ver a **Carlos** en una casa de té y pastelería. Yo era invencible entonces. Yo tenía viente años y **Carlos** debería andar en los cuarenta y tantos. Me ponía nerviosísimo hablar con **Monsiváis** porque, además, hacía muchas preguntas y yo no oía bien.

Yo trataba de responder y casi siempre lo hacía diciendo cosas que seguramente no tenían algo qué ver con sus preguntas. Tomábamos té, hablábamos del suplemento, quizá de alguno de los artículos. Asocio directamente a **Carlos** con esa **Zona Rosa** de los ochenta, menos decadente, degradada e insegura de lo que es hoy, convertida en un conjunto de calles en desgracia, en donde todo se ha venido abajo e incluso las calles están hundidas. Si comparo aquella **Zona Rosa** con ésta, la de antes era un poco más habitable.

Nuestras reuniones ocurrían los sábados por la mañana, porque a **Carlos** le gusta invitar a los amigos a tomar café o té ese día, cosa que a mí me parecía un acto

verdaderamente monstruoso, pero era **Monsiváis** quien invitaba y había que ir. Caminábamos por las calles de la **Zona Rosa**, que nunca me gustó; nunca estuve muy de acuerdo con el aura mítica que había tenido para una zona cultural mexicana. Ya había leído el libro de **Luis Guillermo Piazza** sobre esas calles, y nos dirigíamos al **Pasaje del Ángel**, que cruza de **Hamburgo** a **Londres**. **Carlos** nos contaba esa mañana cómo **La Lagunilla** o parte de ella se había trasladado a este pasaje y caminábamos con él. Desde luego, era conocido por absolutamente todos y cada uno de los puesteros que vendían antigüedades, libros, fotografías. Alguna parte de la magnífica colección de lo que hoy es un museo venía de esos sábados por la mañana en los cuales él iba a este pasaje. Recuerdo en especial una anécdota —no sé si **Carlos** mintió, probablemente lo haya hecho— estábamos frente a un escritorio antiguo y el afirmó que había pertenecido a **Lucas Alamán**. Entonces me sentí tan impresionado de estar frente al escritorio de un hombre tan importante y que escribía tan bien como **Lucas Alamán**, ¡pero alguna vez **Monsiváis** contó que ese escritorio fue a parar a casa de **Sánchez Navarro**! Era redondo: el clásico conservador hereda su escritorio a un moderno empresario de derecha.

Eran los años ochenta. La **Zona Rosa** era **Monsiváis** y **Monsiváis** *era* la **Zona Rosa**, como después lo fueron otras zonas de la ciudad. Él caminaba, hablaba y preguntaba. Yo no oía bien. Lo único que tenía era admiración por los dos libros que entonces había leído: ***Días de guardar*** y ***Amor perdido***. (lep)

Los nombres de las calles se vuelven pendones: Londres, Génova, Hamburgo, Niza, Copenhague, Estrasburgo, Florencia, Amberes, Liverpool. En el Distrito Federal, la Zona Rosa se ha establecido más allá de la controversia. Se ha constituido un tipo humano: el habitante de la Zona Rosa. El primer dato que lo vuelve reconocible es un deseo de ser identificado.

DÍAS DE GUARDAR, 1970.

HUGO GUTIÉRREZ VEGA
PACTO DE CABALLEROS

Antes que nada me gustaría decir que **Carlos Monsiváis** es para el país el temperamento cultural. En sí mismo es una fuerza y una conciencia moral, una referencia obligada para el recuerdo del pasado y para analizar la situación actual. Por ejemplo, en **Estados Unidos** se recurría permanentemente a **Norman Mailer** para saber del termómetro de aquel país; en **Francia** era **Jean-Paul Sartre** y en **México** el punto de referencia obligada es **Carlos Monsiváis**.

Para ello refiero dos recuerdos que tengo inmediatos: uno fue la asistencia que hicimos a una vieja carpa, cuyo nombre no recuerdo, pero que estaba en el viejo **Niño Perdido**, la actual **avenida Lázaro Cárdenas**. El encuentro lingüístico en estos lugares era sumamente alegórico, pues todo comentario tenía que ver con el albur, sea de manera directa o indirecta y, por supuesto, siempre en una crítica mordaz en contra del gobierno. Pues allí estábamos **Carlos**, **Sergio Pitol** y yo, perdidos en el anonimato ruidoso de las risas sobre las ocurrencias que entonces hacía **El Harapos** (Mario García Hernández). De pronto, alguien entre el público ubicó y reconoció a **Monsiváis** y esperando que **El Harapos** hiciera gala de su florido uso del fino albur, aguardamos la andanada en la cual **Carlos Monsiváis** se convirtiera en inesperado participante del espectáculo, y vaya sorpresa que nos llevamos: **El Harapos** esperó el mandato democrático del público, que asombrado de estar contemplando al intelectual entre ellos, no explotó con la fascinante ocurrencia del lenguaje sino que lo ovacionó por un largo momento, reconociendo de ese modo el respeto que le merecía el cronista.

La otra es una antítesis de lo anterior: cierta ocasión estábamos comiendo en un restorante de la **Zona Rosa**, el **Bellinghausen**, en la calle de **Londres**, entre **Niza** y **Amberes**. Entró en el lugar un anciano que, esquelético, extendió sus largos brazos dirigiéndose a nuestra mesa; en ella nos encontrábamos **Sergio Pitol**, **Carlos Monsiváis** y yo. En ese

breve lapso, de no más de diez pasos, en que el alegre viejo se dirigía hacia nosotros, nos volteamos a ver, pretendiendo que nuestras mutuas miradas confirmaran que se trataba de algún conocido. **Pitol** y yo no dudamos que el aludido fuera **Carlos**, quien también, autoconocedor de su fama pública y de su atención incondicional a sus anónimos conocidos, comenzaba a levantarse para corresponder al abrazo del decrépito ser, que ya estaba a unos centímetros de la mesa.

Para sorpresa de nosotros —más para **Carlos Monsiváis**— pasó de largo, pues no era a nuestra mesa a quien dirigía el caluroso y añejo saludo, dejándonos en la clandestina presencia, como la infinidad de comensales que, sin duda, acuden permanentemente a comer a este extraordinario lugar en la **Ciudad de México**. Desde entonces —habrá sido hace veinte, treinta o quién sabe la cantidad de años que ocurrió el hecho—, hicimos un pacto de caballeros, anónimos, pero, eso sí, pacto, que no solemos romper los tres: reunirnos por lo menos una vez al año en el mismo restorante, y si se puede en la misma mesa, y regularmente en los meses de marzo o abril, de acuerdo con nuestros compromisos internacionales, ya que sobre todo ahora **Carlos Monsiváis** viaja mucho al extranjero. Nuestra reunión es simple y llanamente en nombre de la vejez, así sin más, en nombre de la vejez. **(pgr)**

Paseo de la Reforma

Inspirado en modelos como los Campos Elíseos, en París o la avenida Louise, en Bruselas, el Paseo de la Reforma es la avenida más importante de la Ciudad de México. Maximiliano de Habsburgo, emperador de México de 1863 a 1867, encargó su trazo (en línea recta) y construcción al ingeniero y militar austriaco Fernando de Rosenzweig. Con ello quería acortar el trayecto entre el Castillo de Chapultepec, residencia de Maximiliano y la emperatriz Carlota, y el Palacio Nacional, en el Zócalo. El Paseo del Emperador, como se llamaba originalmente, estaba concebido como un bulevar de 12 kilómetros de largo. Después cambió el nombre al de Reforma. Durante la época del porfiriato se colocó ahí una serie de monumentos alusivos a la historia de México: el de Cristóbal Colón, en 1876; las estatuas de héroes de la República; el monumento a Cuauhtémoc de 1887 y el de la Independencia, inaugurado en 1910. Parecido a la Columna de la Victoria en Berlín, hoy se le conoce como El Ángel, símbolo al que los defeños han adoptado como ángel protector.

BRAULIO PERALTA
EL MONSIVOCABLO

México en su "feroz desorden" encuentra en la obra de **Carlos Monsiváis** un cauce para entender: patria y ciudadano, poder y servidumbre, riqueza y pobreza, arte y cultura: el mundo de una sociedad que se organiza; la de un país que ha vivido entre la tragedia y el melodrama con tintes cómicos: una máscara para ocultar el fondo del drama humano.

Me niego a ubicar la literatura de **Monsiváis** —como se ha llegado a decir— dentro del barroco. Más bien, me inclino por el escritor posmoderno, que descubre las aristas de un todo, el rompecabezas armado por una inteligencia que deletrea el caos de "la demasiada gente".

A **Monsiváis** no le gusta desmitificar, pero estudia y juega con los mitos: analiza ritos y costumbres que anquilosan al ser humano; desprejuicia a la cultura de masas, con lo que otorga otra opción a lo popular: la de reflejarse en su espejo; es el defensor de las mujeres y las minorías sexuales en un país donde el machismo no permite el mínimo asomo a la igualdad de sexos; el preservador de nuestra vida privada, en este pueblo donde "la culpa sexual es una contribución poderosa a la estabilidad política". Es el solidario incansable en la lucha contra los prejuicios del sida. La **comunidad homosexual** tiene una deuda con la vida y obra de **Monsiváis**.

Un escritor que escribe para que nuestra historia,

» El asombro es ya no asombrarte de nada.

trágica y paródica, sea alguna vez sólo un mal sueño donde el mexicano aprendió de su pasado para construirse a sí mismo un espacio con bondades. Una escritura que se sitúa en las antípodas de los seres públicos y los personajes anónimos: para un gran actor, un fan; para un gran deportista, su irrenunciable admirador; para un político, el pueblo como prueba del ejercicio presidencial, legislativo o judicial.

Una obra que contiene las raíces con que se escribe la

DE LA ZONA ROSA A CHAPULTEPEC

historia de **México**: un mundo macro y micro de emociones y pensamientos, de ideas y costumbres en una nación que apenas cumplirá 200 años de edad, que no termina por forjar su destino democrático; un país que está ahí, atrapado entre la contradicción de las palabras constitucionales y los hechos que se denuncian por sí mismos. Su vocación por la izquierda es irrevocable.

Carlos Monsiváis es el heredero de los *novocablos*. Ésa puede ser la razón de su libro **Salvador Novo. Lo marginal en el centro**. Y ya que mencioné a **Novo**, así como **Monsiváis** dice de él, que quiere "verlo, saberlo, comerlo, caminarlo, tocarlo, frecuentarlo todo...". A él —el monsivocablo—, le tocó vivir en un gran clóset de cristal donde todo mundo lo ve, lo sabe, lo toca, lo frecuenta y lo quiere.

Como él mismo escribió: "¿Y de qué puede enorgullecerse una persona si no está orgulloso de su comunidad?"

LA DIANA CAZADORA
Paseo de la Reforma frente a la Torre Libertad.
Símbolo inequívoco de la Ciudad de México, la fuente de la Diana Cazadora se llama en realidad La Flechadora de las Estrellas del Norte. Comisionada al arquitecto Vicente Mendiola y al escultor Juan Olaguíbel, la escultura se inauguró en 1942. Una joven secretaria que trabajaba en la oficina de Petróleos, Helvia Martínez Verdades (que después se convertiría en esposa del ingeniero y político Jorge Díaz Serrano), sirvió como modelo. Se dice que, posiblemente, el rostro pertenece a la actriz María Félix. La obra original sufrió daños en 1969, cuando, con motivo de las Olimpiadas, se le quitó el taparrabos que la Liga de la Decencia le colocó en 1943, y se trasladó a Ixmiquilpan, Hidalgo. La nueva estatua cambió de ubicación varias veces, hasta que, en 1992, un grupo de intelectuales y artistas exigieron que se recolocara en el sitio donde hoy se encuentra.

TORRE MAYOR
Paseo de la Reforma 505.
El edificio más alto de México y de América Latina, la Torre Mayor se encuentra en el predio que antiguamente ocupó el Cine Chapultepec. Mide 230.4 metros de altura y está equipado con 98 amortiguadores sísmicos.

» **La Flechadora de las Estrellas** es el nombre verdadero de la Diana que inició su historia en la ciudad en 1942.

DE LA ZONA ROSA A CHAPULTEPEC

GLORIETA DE LA PALMA
Avenida Paseo de la Reforma, frente a la Bolsa Mexicana de Valores (Reforma 255, colonia Cuauhtémoc).
Sobre el Paseo de la Reforma llegó a haber 12 glorietas. La primera fue la del Caballito que, en 1852, se trasladó al punto donde se iniciaba el Paseo de Bucareli, entonces una hermosa vía arbolada.

LAS ESTATUAS DEL PASEO DE LA REFORMA
La idea de adornar el Paseo de la Reforma con estatuas de los próceres del liberalismo mexicano fue del periodista Francisco Sosa, en 1887. Entre 1889 y 1902 se colocaron 36 de ellas.

Piedra, mármoles y estabilidad. De la emoción liberal por extraer del pasado lecciones inamovibles, Porfirio Díaz, en primer término, la ejemplaridad. A lo largo de su dictadura, él desatará la invasión de estatuas, entonces demostración insustituible del advenimiento de la madurez nacional. A cada gran monumento se le asigna una tarea de reconciliación, de exterminio de facciones, de apoyo al régimen. Verbigracia: en 1887, se inaugura en el Paseo de la Reforma, esquina con Insurgentes, la estatua de Cuauhtémoc, del escultor Manuel Noreña. Por fin, un héroe indígena, no el orgullo étnico (inpensable para los porfirianos), sino el principio de la reconciliación con el pasado. Era indígena, pero fue emperador.

El gran espacio de despliegue didáctico es el Paseo de la Reforma. Cada estado de la República se compromete a entregar dos estatuas de generales, de mártires reacios a la amnesia colectiva de educadores. Y coronándolo todo, la estatua de Cuauhtémoc, principio de un nacionalismo ornamental que no prodigará figuras prehispánicas, pero incitará a la metamorfosis estética de una civilización no muy prestigiada. Eran otros indios —es el mensaje— bellos, arrogantes, fuertes, por entero distintos a estas razas tristes que hoy vegetan...

NEXOS, DICIEMBRE DE 1984.

» Carlos IV y su caballo adornan ahora el entorno del Palacio de Minería.

DE LA ZONA ROSA A CHAPULTEPEC

Son muchos los recorridos que ha realizado la estatua ecuestre en honor a Carlos IV de España, conocida como *El Caballito*. Diseñada por el escultor y arquitecto Manuel Tolsá (1757-1816), fue construida a iniciativa del marqués de Branciforte, entonces virrey de la Nueva España. El caballo que se usó como modelo se llamaba Tambor y pertenecía al marqués de Jaral de Berrillo. La estatua, sólo superada en belleza por la de Marco Aurelio, en Roma, se inauguró en el Zócalo el 8 de diciembre de 1803. En 1979, después de 127 años de estar en el cruce de Reforma y Bucareli, la moderna interpretación del artista Sebastián sustituyó a la de Tolsá, que fue llevada a la plaza del mismo nombre, frente al Palacio de Minería.

» Es parada obligada los días de pinta por Chapultepec, las lanchas de remo y sus alrededores.

JULIÁN PASTOR
FUIMOS DESAPARECIENDO

En ese tiempo la ciudad era pequeña, cómoda, amable, y nos permitía encontrarnos con mucha frecuencia a las mismas personas. No era difícil relacionarse con aquella generación fantástica de los 60. **Pintores**, **escultores**, **músicos**, **actores**, **escritores**, todos nos conocíamos y entablábamos un diálogo cotidiano.

Conocí a **Monsiváis** entre 1963 y 1964, en la **Casa del Lago**, siendo yo asistente de dirección de **Juan José Gurrola**, quien entonces montaba un espectáculo llamado *Jazz palabra*, que consistía en llevar a escena diversos poemas de muchos autores. **Carlos** tradujo a **Jack Kerouac**, entre otros escritores de habla inglesa, para nuestro trabajo.

Allí mismo estrenamos *La cantante calva*, de **Ionesco**, con **Enrique Rocha**, **Tamara Garina**, **Roberto Dumont**, **María Antonieta Domínguez** y **Sergio Busik**. La noche del estreno no nos dábamos abasto con las entradas. Todo el mundo quería ver la obra. Yo estaba recibiendo a la gente, cuando se aparece **Carlos**. Se acercó a saludarme y me pidió, aun viendo que no podía ser fácil para mí, que lo metiera en la fila sin boleto. Si lo hubiera hecho frente a todos, hubiera sido el principio del caos: dejé que se brincara una bardita.

Muy pronto nos encontrábamos en todos lados: en el **Café Tirol**, en **Hamburgo**, donde se reunían todos los artistas plásticos; en las fiestas de casa de **Juan Vicente Melo**, en los apartamentos **Condesa**… Recuerdo que esto quedó plasmado en la película *Tajimara*, pues la escena de la fiesta que filmaron era una noche común y corriente en casa del autor de *La obediencia nocturna*. Nos encontrábamos, además, en **Radio Universidad**, pues yo tenía un programa que precedía al suyo, *El cine y la crítica*; y en *La reseña de cine*, en el **Fuerte de Santiago**, en **Acapulco**, el único festival internacional que llegaba a nuestro país: recuerdo el entusiasmo que le causó a **Monsiváis** *Lawrence de Arabia*.

Durante 1964 se lanzó la convocatoria del **Primer Concurso de Cine Experimental**, un respiro que la **Academia** daba a los jóvenes cineastas. Es ahí donde surge *La fórmula secreta* de **Gámez**, *En este pueblo no hay ladrones*, de **Isaac**, y *Tajimara*, de **Gurrola**. Todos los que frecuentaban la **Casa del Lago** quisieron vincularse con este renacimiento del cine nacional, por eso es que en *En este pueblo*… estaban en escena **Juan Rulfo** y **Carlos Monsiváis** jugando dominó, **Abel Quezada** viendo lo que sucedía, **Leonora Carrington** merodeando, **Gabriel García Márquez** vendiendo boletos, y **Luis Buñuel** haciéndola de padrecito, todos en calidad de extras de la película que yo protagonizaba.

Se respiraba distinto en la locación de **Tlayacapan**. Fue muy divertido ver a todos los artistas participar, apoyando la oportunidad que se nos brindaba.

Yo llevaba todo el peso de la película. Tenía que robarme

» La foto en caballo de madera no pierde su encanto.

las bolas del billar del lugar, única forma que conocen los lugareños para distraerse. En el corte a la escena climática se acerca **Carlos** y me dice: "A ver si lo haces bien, porque la tienes difícil". Al volver la cara y repasar los rostros que sostenían la escena, me di cuenta de que sí, la tenía muy complicada.

Años después convencí a **Paco del Villar** de comprar los créditos de *DF y otras historias* de **Carballido**, para llevarlos al cine. Entre otras, *Los caifanes*, que desde que lo leí, ya pensaba en **Carlos** en función del **Santaclós** que entra borracho en una taquería, sugerencia que conservaron los productores que al final la hicieron. Murió **Del Villar** y sucedió la debacle de la que aún no se puede reponer el cine mexicano. **Margarita López Portillo** entró a poner orden a **CONACINE** y pasó lo que pasó. Fue un triste final para la generación del primer y único premio de cine experimental.

Yo tenía una foto que definía ese momento de 1964: la premiación del concurso de cine experimental, en el cine **Versalles**, sobre la calle que le da nombre al cine. Estaba sentado a la diestra de **Emilio García Riera** y **Carlos** a su izquierda. Fue una noche especial para todos, la que cambió el rumbo del cine en nuestro país. Después de eso lo vi cada vez menos: la ciudad creció, todos fuimos desapareciendo. (**pgr**)

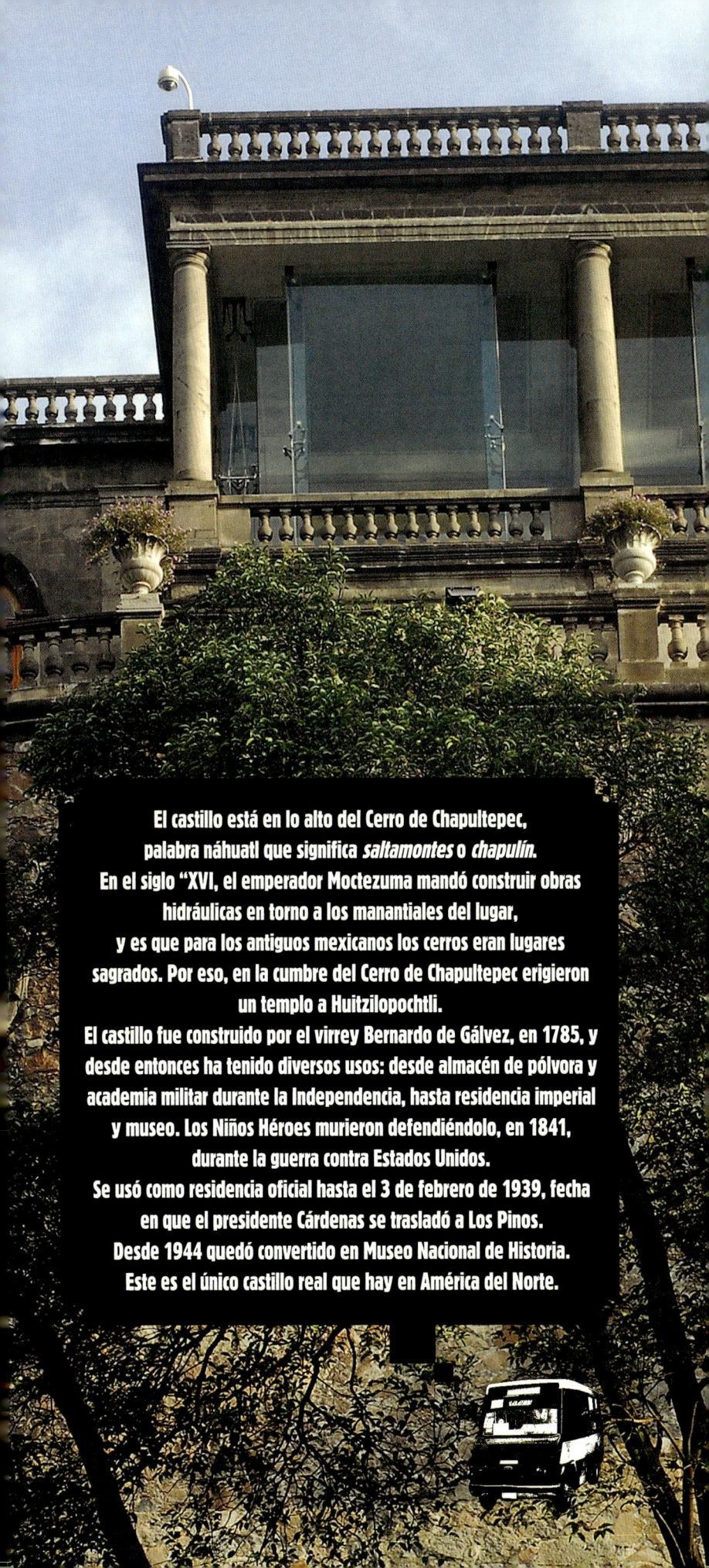

El castillo está en lo alto del Cerro de Chapultepec,
palabra náhuatl que significa *saltamontes* o *chapulín*.
En el siglo "XVI, el emperador Moctezuma mandó construir obras
hidráulicas en torno a los manantiales del lugar,
y es que para los antiguos mexicanos los cerros eran lugares
sagrados. Por eso, en la cumbre del Cerro de Chapultepec erigieron
un templo a Huitzilopochtli.
El castillo fue construido por el virrey Bernardo de Gálvez, en 1785, y
desde entonces ha tenido diversos usos: desde almacén de pólvora y
academia militar durante la Independencia, hasta residencia imperial
y museo. Los Niños Héroes murieron defendiéndolo, en 1841,
durante la guerra contra Estados Unidos.
Se usó como residencia oficial hasta el 3 de febrero de 1939, fecha
en que el presidente Cárdenas se trasladó a Los Pinos.
Desde 1944 quedó convertido en Museo Nacional de Historia.
Este es el único castillo real que hay en América del Norte.

En 1964 se inaugura el Museo Nacional de Antropología de la Ciudad de México. Por vez primera el arte precolombino se despliega en un espacio arquitectónico notable. El efecto es inmediato: cambia la percepción social

DE LA ZONA ROSA A CHAPULTEPEC

del pasado indígena, y aunque persiste, y con dureza extrema, la segregación de las etnias, se inaugura el orgullo generalizado por un arte hasta entonces arrinconado y se producen, al mismo tiempo, el reconocimiento y el saqueo de las zonas arqueológicas.

IMÁGENES DE LA TRADICIÓN VIVA, 2004.

MUSEO DE ANTROPOLOGÍA E HISTORIA
Paseo de la Reforma y Gandhi.

Uno de los mejores museos de arqueología del mundo, aquí se reúne una colección de piezas arqueológicas y etnográficas que se inició en el siglo XVIII. Sus 24 salas temáticas y la destinada a exposiciones temporales lo convierten en el museo más grande de América Latina. Proyectado por el arquitecto Pedro Ramírez Vázquez, en este edificio se exponen muestras de las culturas que florecieron en territorio mexicano desde hace más de tres mil años, como la olmeca, la teotihuacana, la maya y la mexica.

AUDITORIO NACIONAL
Paseo de la Reforma 50.

Inaugurado en 1952 con el nombre de Auditorio Municipal, posteriormente fue remodelado por los arquitectos Abraham Zabludovsky y Teodoro González de León. Además de conciertos y presentaciones de las figuras más populares del momento, también se llevan a cabo actividades de fomento a las más variadas expresiones del arte y la cultura.

ZOOLÓGICO DE CHAPULTEPEC
Metro Auditorio.
El gran zoológico y aviario del emperador Moctezuma son los primeros de que se tiene registro. Su belleza deslumbró a los conquistadores. Aproximadamente 400 años después de la destrucción de Tenochtitlan, en 1923 se inició la construcción del zoológico de Chapultepec, a instancias del biólogo Alfonso L. Herrera, quien quería recrear el del emperador azteca.

» En casa los manuscritos apilados esperan su turno. Sólo los gatos no desesperan con el hacinamiento.

MARTHA LAMAS
FEMINISTA MISÓGINO

Conocí a **Carlos Monsiváis** mucho antes de que él me conociera a mí. Cuando estaba en la prepa mi mamá me dijo: "Tienes que leer a **Monsiváis**", y yo, como buena rebelde, no lo hice. Entonces, en 1965, entré en la **UNAM**, donde **Carlos** era el ídolo, no sólo de las mamás, sino de todos los chavos. Al año siguiente me cambié a la **Escuela Nacional de Antropología e Historia (ENAH)** y descubrí que **Carlos** verdaderamente era como un ídolo azteca: ¡era nuestro **Tláloc**! Luego, en 1968 participé mucho en el movimiento estudiantil y **Carlos** fue, también entonces, un punto de referencia obligado. Recuerdo que, en aquella época, iba mucho con el papá de mi hijo a la **Zona Rosa**, al **Konditori** y al **Tirol**. En esos sitios lo veíamos de lejos: "Mira, ahí está **Monsiváis**", y el programa que tenía en **Radio UNAM**, *El cine y la crítica*, me hizo conocerlo mucho, aunque a la distancia. En *La Cultura en México* empecé a seguirlo muy claramente. Cuando, en 1976, **Alaíde Foppa** y **Margarita García Flores** fundaron la revista *Femme*, a los pocos meses **Luis Javier Solana**, de *El Universal*, invitó a una de las colaboradoras de la revista a escribir en el

> Infortunadamente, he dedicado gran parte de mi esfuerzo a crearme una imagen de mí mismo, de cuya fidelidad dudo en forma abierta.
>
> AUTOBIOGRAFÍA, 1966.

periódico y también a mí, pensando que yo era una persona decente, como **Alaíde Foppa** —cosa que no era—, pero ya me había invitado, así que ni modo. Entonces, en 1977, publiqué un artículo sobre el movimiento feminista, el movimiento *gay* y todo eso, y **Carlos** me llamó.

—Te habla **Monsiváis** —me dijeron en mi casa. ¡Por poco me desmayo! Quién sabe cómo consiguió mi teléfono:

—Oye, me gustó tu artículo. A ver cuándo platicamos.

A raíz de eso empecé a verlo mucho. Cada vez que publicaba un artículo, él me lo comentaba, de una manera siempre muy generosa; siempre apoyándome mucho. Le hablaba para hacerle consultas. Me acuerdo del caso de una mujer casada con un militar. Quería divorciarse y él no se lo permitía. La apoyamos y el marido nos amenazó. Entonces le hablé a **Carlos**, aterrada, y me dijo que no podíamos echarnos para atrás. Que, pasara lo que pasara, teníamos que ayudarla, y así lo hicimos.

Debates y coincidencias

A fines de los setenta organizamos las primeras **Jornadas del Aborto** y a **Carlos** le pareció muy importante que se hicieran. Después con el **Frente Nacional de la Lucha por la**

Liberación y los Derechos, que era una agrupación de concentraciones feministas pero con el **Partido Comunista**, con el **Partido Revolucionario de los Trabajadores**, con los sindicatos universitarios y los grupos *gays*, **Carlos** colaboró en varias cosas. También me lo encontraba en los **Festivales de Oposición** y así nos fuimos acercando. Realmente hemos construido una amistad a partir de nuestras coincidencias políticas o, más bien, de mis coincidencias con él porque lo he ido siguiendo.

En 1986 entré en **Nexos** y, como me tocaba organizar las juntas del **Consejo**, se fue tejiendo la amistad. Cuando empecé a hacer **Debate Feminista** a **Carlos** le gustó mucho el proyecto. De mis amigos intelectuales es el que más apoyo le dio. De los 37 números que lleva la revista, **Carlos** ha publicado en 25. Siempre nos manda materiales espléndidos. Por ejemplo, un artículo titulado "De cómo **Pro-vida** se dio cuenta de que vivía en una sociedad laica", o bien otro que se llamó "La sociedad ante el espectáculo de la visita del Papa". Eran artículos geniales, largos, de 30 cuartillas. Él nos ha dado mucho material, no sólo lo que escribe. A partir de **Debate Feminista** y del suplemento **Letra S**, nos ha ido uniendo el feminismo, la lucha contra el **sida**, el **Movimiento de Liberación Homosexual**.

Rollos gatunos

Cuando lo conocí, él era mucho más tímido y yo mucho más aventada. Eso lo molestaba. Yo lo veía y armaba *desmadres* y gritaba, me le acercaba y lo abrazaba. A él eso no le gusta. Con el tiempo me fui dando cuenta. En la revista **Femme** publicamos una definición que hizo de sí mismo: "**Carlos Monsiváis**: alterna una encendida defensa del feminismo con su misoginia". ¡Es cierto! fui entendiendo mucho más qué cosas no le gustan. Cuando le dieron el **Premio Villaurrutia**, **Jesusa** y yo fuimos en plan de fans de **Luis Miguel**. Llevamos letreritos y corazoncitos que decían **Monsi, te amo**. **Octavio Paz** estaba sentado enfrente de nosotras. Volteaba a vernos y se moría de risa. Ahí justamente empezó mi amistad con **Paz**. Apenas ahora me doy cuenta de que ése es el tipo de cosas que **Carlos** detesta, pero hay algo más que nos une ineludiblemente: los gatos… con las consiguientes llamadas por la mañana para comentar lo ocurrido a ellos, para consultar y verificar que estén bien, etcétera. Cuando a **México** por fin llegaron los alimentos **Hills** para gato, **Carlos** me habló, emocionado: "¡Ya están vendiendo **Hills** en **México**!", y cosas así. A la gente todo eso le parece un poco extraño, y nos ven como un par de locos con nuestros rollos gatunos.

Su primer gato se llamó **Pío Nonoalco**. Habla de él en su **Autobiografía**. Su mamá lo sacó a la calle. Creo que **Carlos** le aplicó la ley del hielo, durante no sé cuántos meses, a su pobre madre. Aparte de lo talentoso y lo genial, es un ser muy sensible. La gente del rumbo sabe que ahí, en la calle de **San Simón**, hay un señor que adopta gatos. No hay número límite de felinos pero, en promedio, tiene como 12. Me vienen a la mente: **Coopelas o Maullas, Catsinger, Miau Tse Tung**, las hermanas **Miss Ojinia** y **Miss Antropía,** y **Fray Gatolomé de las Bardas**, por ejemplo. Ellos son los verdaderos y únicos dueños de **Carlos**. Yo lo he visto en su casa, esperando a que el gato se quite de encima de unos papeles, para terminar un artículo urgentísimo. ¿Te fijas cómo nunca sale más de una semana de viaje? Es por los gatos. No pueden estar sin él ni él sin ellos.

Yo soy de aquí

A **Carlos** le gustan las ciudades cosmopolitas, donde de repente él se pueda borrar, desaparecer. En la **Ciudad de México**, cada vez le resulta más difícil caminar o andar en Metro, porque toda la gente lo conoce. Hubo una época en que podía salir sin que lo identificaran tanto. Su relación con la ciudad también es literaria, porque te dice: "Mira, en esa casa ocurrió esto o aquello". Tiene cierto tipo de rituales: los sábados va a la **Zona Rosa**, los domingos a **La Lagunilla**. Esos días son los más rutinarios, porque el resto de la semana sus actividades tienen más que ver con su carga de trabajo. No le gusta mucho ir a restaurantes elegantes, sólo cuando lo invitan los políticos. Prefiere ir a **El Péndulo**; en las noches al **Vips**, y los domingos a la cafetería de **Bellas Artes**, pero no creas que llega y ya: te cuenta que acaba de ver tal o cual exposición o te comenta algo que acaba de leer o discute algo que se le ocurre. Siempre algo nuevo y distinto.

Es impactante conocer a alguien que ha vivido en **La Portales**, en la calle de **San Simón**, casi toda su vida. Me impresiona su voluntad de decir: "Yo soy de aquí, aquí estoy y de aquí no me muevo". La gente sabe quién es, al grado de que es muy famosa la anécdota de que una vez lo asaltaron en un taxi. Cuando los ladrones se dieron cuenta de que era **Monsiváis**, ¡lo dejaron ir! ¿A quién le pasa eso, sino a él?

Creo que sus dos sitios favoritos son la calle, por un lado, y su cama, por el otro. Es más feliz cuando está en la cama con sus gatos, sus libros, sus películas. En la calle es muy conmovedor ver a las personas que se le acercan. Desde adolescentes de 12 o 13 años que saben quién es **Monsiváis**, hasta señoras súper mayores, gente muy humilde, con mucha timidez. Creo que por eso no le gusta ir a lugares elegantes: la gente rica se acerca, sintiendo que tiene derecho a interrumpir. En cambio, en el **Vips**, todo el mundo voltea, saben quién es pero lo dejan en paz, hasta que ven que ya nos vamos a ir. Entonces, se acercan con una servilleta para que les dé un autógrafo. Las mujeres lo abrazan y lo besan y, bueno, nuestro querido misógino feminista sufre mucho. ¡**Alejandro Brito**! y yo decimos que podemos hacernos ricos haciendo estampitas de **Monsiváis** y vendiéndolas atrás de él por dondequiera que va! No es mala idea. (**lep**)

DE LA ROMA E INSURGENTES AL ESTADIO AZTECA Y XOCHIMILCO

La Roma

» La Roma, asiento de la clase popof porfiriana, es hoy lugar de reunión para el trago y el buen comer.

Si es preciso asignar papeles en este melodrama y esta comedia que, alternativa o simultáneamente sintoniza la ciudad, a la colonia Roma le corresponderá encarnar idealmente el núcleo de las Ilusiones Perdidas; quienes la habitan (en el nivel del símbolo) vivirán perpetuamente amedrentados por la sombra del General Obregón, que se disuelve para convertirse en la

complacencia que el General Calles siempre mostró por los caricaturistas; quienes la pueblan vivirán molestos por la intrusión agrarista del General Cárdenas, reconciliados con el catolicismo decente de Ávila Camacho y disgustados —al fin y al cabo fieles lectores de periódicos, feligreses piadosos, tradición de sí mismos— por el imperio de la moda.

DE LA ROMA E INSURGENTES AL ESTADIO AZTECA Y XOCHIMILCO

DÍAS DE GUARDAR, 1970.

CARMEN GALINDO
¿A MÍ NO ME VAN A DAR PAPAS?

Monsiváis tenía veintitantos años cuando lo conocí. Siempre iba acompañado de muchos libros, en un brazo, y de varios discos, en otro. Además, no sé en dónde lo cargaba, llevaba a cuestas un carrete de **16 mm**, que era la denuncia del asesinato del pastor protestante, si no recuerdo mal, **Rubén Jaramillo**, a quien mataron acompañado de su familia. Invariablemente, se le veía agobiado por el peso de toda esa carga.

Los libros en cualquier chico rato los leía; el carrete lo proyectaba a la menor provocación, a condición de tener un proyector a la mano, y los discos los usaba para ponerlos al menor descuido del anfitrión que nos recibía por la tarde en su casa.

Recuerdo mucho, en su papel de víctima musical, a **Hugo Hiriart**. Íbamos muy seguido a su casa de la avenida **Cuauhtémoc**. Nada más nos abría, y **Carlos** ya estaba poniendo los discos en el aparato reproductor.

—Ya llegó **Carlos** con su música horrible —decía enojado **Hiriart**, pues él sólo cultivaba lo más ortodoxo, mientras que **Monsiváis** se debatía con el top ten del momento.

Por ese entonces intentó formar un cineclub en la **Facultad de Filosofía**. Nos embarcó a mi hermana **Magdalena** y a mí para conseguir en la embajada rusa *Iván el terrible*. Acabamos

trasladándonos, incluido el público reducidísimo, a avenida **Oaxaca** —no sé si ya era la sala de exhibición del **Banco Cinematográfico**— donde había una pequeña salita en que ya no sé si terminamos de proyectar la película de **Eisenstein** o nos quedamos sin gente.

Saliendo de la facultad, nos íbamos por todo **Insurgentes** jugando *lo que hace la mano hace el de atrás* **Gustavo Sainz**, **Nacho** Méndez, **Sergio Aragonés**, **Carlos Monsiváis**, mi hermana **Magdalena** y yo; atravesábamos, sin fijarnos mucho, la avenida. Todos en fila, tratando de imitar a quien estuviera al frente, siempre proponiendo una pirueta loca. Un buen día, llegamos a la juguetería **Ara**, que estaba del lado oriente de **Insurgentes**, casi a la salida de **Ciudad Universitaria**, para comprar pistolitas de agua. En eso estábamos cuando pasó **Sergio Fernández**, quien se acercó:

—**Carlos**, ¿qué anda haciendo usted aquí? —preguntó asombrado el maestro.

—Pues aquí, comprando pistolas de juguete para mojarnos.

Acompañábamos a **Carlos** a su programa de **Radio Universidad**. Si no recuerdo mal, íbamos a recogerlo a la **Portales**. Su casa, es importante subrayarlo, sufrió grandes cambios por ese entonces. No tenía teléfono propio y salía en pijama a contestar mis llamadas nocturnas a **La Quinta Avenida**, una tiendita en contraesquina de su calle. Ni él ni yo reparábamos en ese

DE LA ROMA E INSURGENTES AL ESTADIO AZTECA Y XOCHIMILCO

detalle y hablábamos horas, principalmente para acordar la cita del día siguiente.

Quedaba de recogerlo en su calle. Nos trasladábamos a **Radio Universidad**, que todavía estaba en **CU**, muy cerca del complejo deportivo. Allí, nos instalábamos en el café del comedor de la estación y platicábamos mientras él escribía el guion de su programa *El cine y la crítica*, diez o veinte minutos antes de la rúbrica. En *El cine…*, que, por lo demás no tenía nada de cinematográfico, actuaban **Bety Bueno**, **Nancy Cárdenas**, **Óscar Chávez**, **Ana Ofelia Murguía** y **Claudio Obregón**. Trataba de parodias políticas del momento y nos incluía a mi hermana y a mí en la producción, aunque no hubiéramos tenido algo que ver, diciendo cosas como: "Y en los papeles de *Tierra y Libertad*: **Carmen y Magdalena Galindo**."

Muy cerca del cafecito **Chapultepec**, que estaba en donde hoy es la **Torre Mayor**, sobre **Reforma**, **Carlos** dio su primera conferencia por esos días. No sé de qué trató. Lo que sí me acuerdo es que nos vestimos muy elegantes, folclóricamente: **Monsiváis** de jorongo; mi hermana y yo de jorongo también, exclusivamente comprados para la ocasión.

El lugar era una tienda de sombreros. Se sentó a hablar, mientras los anfitriones pasaban una charolita con papas y seguramente cacahuates para los cinco o diez oyentes que estábamos allí. Hubo un silencio, y para sorpresa de todo el mundo, **Carlos** irrumpió:

—¿Qué, a mí no me van a dar papas?

—Claro, maestro, ¡qué pena! —descontroló a los organizadores.

Carlos acabó dando su conferencia con la boca llena.

Muy pronto, el único tema de nuestras pláticas era el movimiento estudiantil. Estando en **Acapulco**, a **Carlos** siempre le gustaba ir a la discoteca **Tiberios**. Recuerdo, ya en pleno **68**, que después del **Tiberios** fuimos a un restaurantito frente a la costera donde me relató, enormemente conmovido, mientras escuchábamos, tarareando, en el radio del lugar, **"Young Girl Blues"**, los pormenores de la marcha del silencio. Un golpazo.

Los viernes salíamos de **Radio Universidad** y corríamos a **Bellas Artes**. Casi todos los participantes de *El cine y la crítica* eran invitados de **Hugo Hiriart** para ver a la **Orquesta Sinfónica Nacional**. Nos subíamos a la camioneta **Datsun** que nos prestaba mi papá y recorríamos toda la avenida **Insurgentes** hasta el **Centro**. **Carlos** y *Nacho Méndez* siempre se recostaban en la parte de atrás de la camioneta y todo el trayecto cantaban, desde **"Aba daba Honeymoon"**: **"Aba daba daba daba/ Said the chimp to the monk/ Aba daba daba/ Said the monkey to the chimp"**, hasta selecciones de **Cri-Cri**. Después de **Bellas Artes** nos alocábamos un poco en la **Alameda**: nos metíamos en las fuentes con todo y los zapatos importados que usábamos mi hermana y yo, sin preocuparnos de nada. **(pgr)**

SITIOS PARA VISITAR:

IGLESIA DE LA SAGRADA FAMILIA
Orizaba y Puebla.
De estilo neorrománico.

GALERÍA OMR
Durango y Plaza Río de Janeiro

SALÓN DE LA PLÁSTICA
Colima 196.

CASA DEL LIBRO UNAM
Orizaba y Puebla.

CASA DE LAS BRUJAS
Plaza Río de Janeiro.
Llamada así quizá por su remate cónico, a manera de sombrero.

MUSEO RAMÓN LÓPEZ VELARDE
Álvaro Obregón 73.

LA BELLA ITALIA
Orizaba 110.
Lugar con nieves y helados de tradición. Desde 1922, primero a cargo de un italiano y desde los 50 de una familia mexicana.

CASA LAMM
Álvaro Obregón 99.
Originalmente residencia de uno de los primeros fraccionadores de la colonia Roma, Casa Lamm se encuentra situada en las calles de Álvaro Obregón y Orizaba. Hoy está convertida en un centro cultural para el estudio y difusión de las artes.

Lo que hoy se llama colonia Roma fue, hasta fines del siglo XIX, lo que se conoció como Potreros de la Romita, al poniente de la antigua Hacienda de la Romita que entonces estaba a orillas de la Ciudad de México. En la época prehispánica fue el barrio Aztacalco de Tenochtitlan. Pensada para convertirse en un barrio de clase alta durante el porfiriato, la colonia Roma se diseñó con bulevares, como la avenida Álvaro Obregón, al estilo de los de París. Buena parte de los edificios de la Roma toman elementos de la arquitectura de cada época.

FUENTE DE LA CIBELES EN MÉXICO
Durango, Oaxaca, Medellín y El Oro.

La Cibeles mexicana tiene las mismas dimensiones que la original, en España: 12.5 metros de largo, 4.7 de ancho, 5.5 de alto y pesa 12 toneladas. Inaugurada el 5 de septiembre de 1980 por el presidente José López Portillo, esta copia fue donada por los residentes españoles en México. La Cibeles de Madrid fue realizada entre 1777 y 1792, a instancias del rey Carlos III.

NACHO MÉNDEZ
UN MALEANTE DE CÓMIC

Con **Monsiváis** compartí el primer y segundo años de la carrera de **Letras**, en la **Facultad de Filosofía de la UNAM**. Debió haber sido entre el 59 y el 60. Solíamos caminar mucho al salir de **Ciudad Universitaria**, a las nueve de la noche, y terminábamos, casi siempre, en lo que se conocía como la glorieta de **Insurgentes** (actual interjección de **Chilpancingo** e **Insurgentes**), para cenar en **La Vaca Negra** hot dogs y coca colas; sin embargo, no pocas veces nos animábamos a caminar hasta el **Tibet Hamz**, un restaurante de la **Avenida Juárez**. Nos acompañaba invariablemente **Gustavo Sainz**, eventualmente **Sergio Aragonés** y **Héctor Ortega**, y muy de vez en cuando **Antonio Balmori**.

Recuerdo esas largas caminatas cantando boleros o canciones rancheras. Reíamos a carcajadas. **Carlos** solía inventar parodias de canciones, con tintes políticos o que caricaturizaban a personajes solemnes.

Yo, por aquel tiempo, trabajaba como traductor de cómic para **Editorial Novaro**. Al traducir los nombres

DE LA ROMA E INSURGENTES AL ESTADIO AZTECA Y XOCHIMILCO

propios de personajes secundarios, teníamos libertad de inventar, siempre y cuando esos nombres no fueran muy largos. En dos o tres ocasiones bauticé a uno de los maleantes de **Supermán** o **Batman y Robin** como **Carlos Monsi**. Esto nos regocijaba, nos enorgullecía. El chiste se nos acabó cuando mi jefe, **Rafael Ruiz Harrell**, me dijo que era muy obvio y me prohibió seguir usándolo. Lamentablemente no conservo algún ejemplar de aquellas aventuras de **Carlos Monsi**, y no se me ocurre dónde podríamos comenzar a buscarlo. (**pgr**)

GLORIETA CHILPANCINGO
Estuvo en el cruce de Insurgentes Sur y la calle de Chilpancingo, en la colonia Roma Sur.

En donde hoy se encuentra una más de las estaciones del Metrobús, en el cruce de Chilpancingo e Insurgentes, estuvo la Glorieta de Chilpancingo. Ahí, durante muchos años, se encontró La Vaca Negra, entonces uno de los contados sitios de la ciudad donde podían comerse hot dogs y hamburguesas.

Perpetuo habitante de la glorieta, Tortas Biarritz se ha mantenido, a pesar de las transformaciones urbanas. Han desfilado grandes figuras de la vida nacional, como el boxeador *Mantequilla* Nápoles.

Terremoto

A las 7:19 de la mañana del 19 de septiembre de 1985, un terremoto de 8.1 en la escala de Richter, de 90 segundos de duración, golpea duramente a la Ciudad de México y a otros sitios, como Ciudad Guzmán en Jalisco... Por razones que combinan la incompetencia con el afán de ahorrarles dolor a las estadísticas, los gobiernos del presidente Miguel de la Madrid y del regente de la ciudad Ramón Aguirre acuden a un conteo remilgoso y cicatero que arroja 6 mil 400 o 7 mil muertos. De acuerdo al reportaje de Jesús Ramírez Cuevas (*La Jornada*, 11 de septiembre de 2005), la CEPAL (Comisión Económica para la América Latina) eleva la estadística funeraria a 25 mil, y las organizaciones de damnificados estiman en 35 mil el conteo de fallecidos. Hay más de 40 mil heridos y -según datos un tanto inciertos por las dificultades de contabilizarse rescata con vida a 4 mil 100 personas, entre ellas niños recién nacidos. "Y tus templos, palacios y torres/ se derrumben con hórrido estruendo", decía el Himno Nacional antes de que lo recortaran.

PROCESO, 2005.

En la Ciudad de México, sin televisión, con el sistema telefónico semiparalizado, con cerca de 30 mil viviendas destruidas en su totalidad y otras 70 mil con daños considerables, se escenifica la soledad de las multitudes entre las ruinas…

PROCESO, 2005.

DE LA ROMA E INSURGENTES AL ESTADIO AZTECA Y XOCHIMILCO

Entre los 400 inmuebles destruidos se cuentan los hospitales Juárez y General, Multifamiliar Juárez, parte del Centro Médico, parte de la SCOP, el edificio Nuevo León en Tlatelolco, el hotel Regis, muchos edificios de departamentos. Se quedan sin luz más de 1 millón 200 mil personas y hay 32 estaciones del Metro afectadas (seis de la Línea 1; 14 de la Línea 2; dos de la Línea 3; 10 de la Línea 4). Se dañan el drenaje y más de 516 mil metros cuadrados de la carpeta asfáltica; hay averías en la red de agua potable, fracturas y fugas; se inutiliza gran parte de la infraestructura eléctrica y la red telefónica queda inutilizada al punto de que apenas en marzo de 1986 se restablece la totalidad del servicio automático nacional e internacional. La radio y la televisión informan sobre el paradero de familiares y prestan una ayuda importantísima. Es notable el servicio de los aficionados de radios de onda corta.

PROCESO, 2005.

Insurgentes

ROBERTO ESCUDERO
¡VIVA EL DIABLO!

Recuerdo a **Monsiváis** en marchas del **68**, en medio de los contingentes, al lado de **Pitol** y de **Luis Prieto**. No sé si iban junto a mí en el contingente de **Filosofía y Letras**. Íbamos marchando por **Madero**, hacia el **Zócalo**, y por alguna causa todos callamos pasando **Eje Central**, por la **Torre Latino**. Este silencio fue aprovechado por aquel trío ilustre, que empezó a gritar a todo lo que daban sus voces: **"¡Viva el diablo! ¡Viva el diablo!"**, para sorpresa de beatas y padrecitos de la iglesia de **San Francisco**, que de por sí se hallaban asustados por la manifestación: al paso de aquellos, los de la iglesia hacían muecas y se tapaban los oídos, cerrando las puertas del atrio.

Una noche, pero de 1969, pues ya no estábamos en pleno movimiento, fuimos a beber cervezas al **Bar Cucú**, que estaba sobre **Insurgentes**, en la **Roma**.

Al salir, tarde, paseábamos sin dirección. Venía caminando hacia nosotros una señora humilde, cargando bolsas. A mí se me hizo fácil bromear un poco con ella y agarrarle la cabeza, que la tenía blanca y enchinada, muy bonita. **Carlos** se siguió, sin notarlo, y cuando volteó y vio que jugaba con la cabecita de la señora, se carcajeó de lo lindo. Era difícil ver a **Carlos** tan divertido y yo me acuerdo bien de eso: yo jugando con la cabeza de la señora, quien también celebraba el hecho, y **Monsiváis** riendo en **Insurgentes** de noche. **(pgr)**

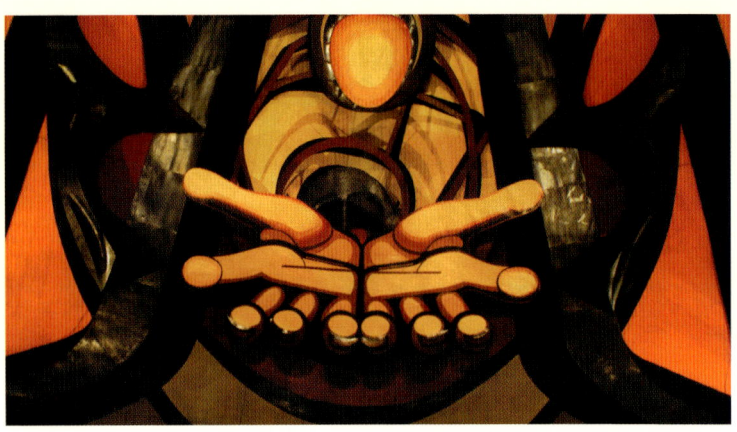

POLYFORUM CULTURAL SIQUEIROS
Insurgentes Sur 701.
Un museo en sí mismo, considerado patrimonio artístico de la nación, el Polyforum Cultural Siqueiros es, para algunos, la obra más importante del muralista David Alfaro Siqueiros, quien la concibió durante su cautiverio a principios de los años sesenta. El edificio tiene forma de diamante y está totalmente cubierto por pinturas murales. Tiene un enorme caballete exterior para 12 pinturas-esculturas. En el interior, en el gran Foro Universal, hay una plataforma giratoria con capacidad para mil 500 personas, donde se encuentra *La marcha de la humanidad*, el mural más grande de Siqueiros.

PARQUE HUNDIDO
Avenida Insurgentes esquina con Porfirio Díaz, colonia del Valle.

La historia del Parque Luis G. Urbina —mejor conocido como Parque Hundido por su relieve— se remonta a la época porfiriana cuando, en los terrenos que alguna vez ocupara la Compañía Ladrillera de la Nochebuena, se sembraron árboles para crear el bosque. Hacia finales de la década de los años treinta del siglo pasado, después de que se ensanchó y pavimentó la avenida Insurgentes, el gobierno decidió crear un nuevo parque en los terrenos del Bosque de la Nochebuena, cuyos desniveles se debían a la ladrillera. Hoy, aquí se encuentra uno de los puntos más conocidos de Insurgentes: el Reloj Floral. En otro sector del parque hay un audiorama, donde pueden escucharse música y recitales de poesía.

HUBERTO BATIS
COMERSE AL PRÓJIMO

En los años 70 recibí una llamada de **Carlos Monsiváis** invitándome a comer. Me citó en el **Sanborns** de **Plaza Universidad**. Cuando llegué él estaba en la sección de revistas hojeando un periódico, me saludó afectuosamente y nos fuimos a sentar. Platicamos de todo, arreglamos el mundo, nos comimos al prójimo, pero yo seguía esperando a que me dijera los motivos de la invitación. Luego de un rato me di cuenta de que sólo quería charlar conmigo, que no había más interés que pasar un rato juntos. Entonces me relajé y seguí disfrutando de su conversación. Finalmente me dijo que tenía que irse y, sin más, se despidió.

Tiempo después, cuando todavía no era una estrella, fui a su casa para invitarlo a dar una clase en la **Universidad Iberoamericana**. Me dijo que eso no le gustaba pero que con gusto participaría conmigo; se despidió y luego salió su mamá para entregarme un recibo de honorarios, en una época en que pocos escritores los usaban. Ella me dijo que la charla de su hijo no podía ser gratis. **Carlos** fue de los primeros en ser muy organizados con respecto de su trabajo. Se presentó y tuvo un éxito arrollador.

En otra ocasión lo invité a la **Facultad de Filosofía y Letras** en donde también fue muy aplaudido. Al salir me dijo: "¿Cómo es posible que estés dando clase a esta gente, para qué pierdes el tiempo?" De algún modo tenía razón, ya desde entonces notaba la flojera, la falta de interés y la lasitud de los jóvenes. (**ap**)

PLAZA UNIVERSIDAD Y EL ANTIGUO FONDO DE CULTURA ECONÓMICA
Avenida Universidad, esquina con Parroquia.
Este fue uno de los primeros centros comerciales de la Ciudad de México y sitio de innumerables encuentros. En 1954 se inauguró el edificio del Fondo de Cultura Económica, en la calle de Parroquia y Universidad, donde permaneció, hasta que el 4 de septiembre de 1992 inauguró las nuevas oficinas de su casa matriz en la carretera Picacho-Ajusco número 227.

PLAZA MÉXICO
Augusto Rodin 241, colonia Nochebuena.

Inaugurada el 5 de febrero de 1946, junto con la Monumental de Las Ventas, en Madrid, y la de la Real Maestranza de Caballería, en Sevilla, la Plaza México está considerada como una de las más importantes del mundo.

Tiene un aforo para 41 mil personas sentadas, el mayor del planeta, un ruedo de 43 metros de diámetro y un callejón de dos metros. A veces llamada La Monumental o La México, es, junto con el Estadio Azul, la precursora de las grandes obras de ingeniería deportiva en Latinoamérica.

La Temporada Grande se inicia entre el último domingo de octubre y el primero de noviembre. Durante los siglos XVI y XVII, en la Ciudad de México, se contruyeron plazas de toros provisionales; la primera fija se erigió en 1788 y se llamó Real Plaza de Toros de San Pablo.

La idea de construir la actual Plaza de Toros México se debe al empresario de origen libanés Neguib Simón, quien utilizó toda su fortuna en su construcción y en la del estadio ubicado a un lado de ella, ambos a sólo unos metros de Insurgentes.

» El coso de Insurgentes y su vecino el Estadio Azul son parte ya de la mancha urbana.

DE LA ROMA E INSURGENTES AL ESTADIO AZTECA Y XOCHIMILCO

ARIEL ROSALES
¡CÁCARO!

Cuando a los 18 años entré en la **Facultad de Filosofía**, **Carlos** había dejado **Economía**. Él tenía 26 años pero ya era **"Carlos Monsiváis"**. Imagínate el deslumbramiento al conocerlo. Yo venía del **Colegio México** y del **CUM**. En su faceta de *leyenda urbana*, íbamos con él a un café que se llamaba **La Cascada**, en la esquina de **Holbein** e **Insurgentes**. Ése era el sitio de reunión de la gente de la **UNAM**, y que luego compitió con **La Veiga**, que estaba en **Insurgentes**, casi esquina con **Félix Cuevas**. A **La Cascada** iba, sobre todo, gente de **Humanidades**, como **Adolfo Sánchez Vázquez**, por ejemplo. Nosotros llegábamos con **Carlos** después de ir a los cineclubes, en particular al cine-debate de los lunes, que dirigía una amiga nuestra, a quien llamábamos **La Chuchuca**. La intención primera era salir de **CU** y tomar un taxi para llegar a **La Cascada**, pero eso nunca ocurría. Íbamos tan absortos escuchando a **Carlos**, que caminábamos durante hora y media. Estoy hablando 1964 o 65. Me llamaba la atención cómo podíamos caminar tanto sin siquiera sentirlo.

Hablábamos de todo: de la gente, de cine, de todo. Imagínate los jovencitos con **Carlos**: prácticamente no hablábamos, lo oíamos. Ése es un efecto que **Carlos** produce mucho sobre la gente joven: uno se inhibe y se abruma al escucharlo, al grado de que uno no quiere intervenir para no regarla al citar a un autor mal pronunciado que, por supuesto, él te va a corregir. El otro día todavía me corrigió algo que dije mal.

En mi caso la **Facultad de Filosofía y Letras** de la **UNAM** fue un referente total. Me cambió como persona. Me cambió completamente. Le debo muchísimo a la **Universidad**. La **Facultad** *es* **Carlos** y son generaciones y generaciones las que están alrededor de él, tratando de acercársele, independientemente de su obra. Tiene ese don, es como un imán.

En aquel entonces, la ciudad era muy caminable. **Carlos** ha visto su evolución. Para mí, él es el cine de **Las Américas**, el **Sanborns** de la calle de **Aguascalientes** y el del **Palacio de Hierro de Durango**. ¡Al igual que **Carlos**, yo también digo que soy **"hijo de Sanborns"**! No concibo una ciudad sin **Sanborns**, pero eso es **Carlos** también. Siempre tomaba **Sidral Mundet**. Sus gustos gastronómicos son maravillosos; prefiere, sobre todo, las enfrijoladas y las taquerías. En especial **Beatricita**, en la **Zona Rosa**, que justo acaba de cerrar.

De piojito...

Siempre me sorprendió el conocimiento que **Carlos** tenía, y tiene, de todo. Él no maneja. Es muy congruente consigo mismo. Yo admiro mucho a quienes no manejan un auto. Siempre que voy manejando, él me dirige porque conoce todos los sentidos de las calles. Mientras te va guiando no deja de hablar. No sé si esa cualidad la adquirió con el uso de los taxis, pero es increíble. Vamos a cualquier lado y es el copiloto perfecto, porque tiene un conocimiento increíble, real, no sólo académico, de la ciudad, de las vialidades.

Su prioridad era el cine. Gracias a él conocí cantidad de salas en las colonias populares, a donde íbamos a *pescar* películas en programa triple. Me acuerdo que con él conocí el cine **Paté** o el **Alameda**, donde estaba el **Kikos**. Había programas dobles, donde podía haberse colado una comedia musical o un western. No era sólo ir a los cineclubes sino pescar en los cines de segunda corrida las cintas que se nos habían ido. Pienso en el **Royal** de la colonia **Roma**, en el **Condesa**, que estaba en lo que ahora es la **Casa de la Paz**.

Antes, **La Condesa** era una colonia de clase media decadente. Yo nací en **Sonora** y **Parque España** 15. A los quince años me mudé a la calle de **Cacahuamilpa**, también en la **Hipódromo Condesa**. Ver lo que le ha pasado a mi bellísima colonia es muy triste. Además ahí ya ni se habla español. El cine **Condesa** fue el primero al que se bautizó como de *piojito*, es decir era de ésos en que te daban un ladrillo y un palo: el primero para que te sentaras y el segundo para que mataras a las ratas. De esos cines salió ese término genial: "¡Cácaro! ¡Cácaro, deja la botella!" Se supone que en alguno de esos cines el proyeccionista era cacarizo. En cine-debate, nosotros gritábamos: "¡**Chuchuca, deja la botella!**"

En esas expediciones conocí infinidad de cines, como ese inmenso que estaba en el **Barrio bravo**, en **El Cármen**, donde estaba la **Hemeroteca**, entre **Tepito** y **La Lagunilla**. Con **Carlos** llegué a ir al cine **Colonial**, en **Fray Servando**. Era como el **Alameda**, con cielito y palcos coloniales. Cuando venían los estrenos era una cosa increíble, por ejemplo en el cine **Roble**. Íbamos a ver estrenos al **Chapultepec**, al **Latino**, al **Paseo**.

Otra cosa maravillosa es su relación con los animales. Nosotros viajábamos y nos quedábamos en **Tepoztlán** a una casa que rentaba **Luis Prieto**. Ahí también había vivido **Salvador Elizondo**. Había un cuadro de él, porque **Elizondo** fue pintor. Tuvo su etapa de pintor realista-socialista, de modo que la pintura mostraba a una indígena viendo a **Lenin**, pero ese día llegamos a comer al Centro de **Tepoztlán** a una fonda, pedimos enfrijoladas y **Carlos**, además, carne asada. En primera instancia, me llamó la atención y pensé que a lo mejor tenía mucha hambre. Cuando estábamos comiendo, llegó la carne. **Carlos** fue a ponerle el plato, con todo y guarnición, a un bebé perrito que estaba en los huesos. Habían levantado el mercado y ahí estaba, tratando de comer algo. La dueña de la fonda se puso furiosa, pero ése es un aspecto de **Carlos** muy bonito. Lo de los gatos se entiende y se sabe porque están en su casa, pero él es así con todos los animales. Así ha sido siempre. (**lep**)

En 1953, Diego Rivera pinta su gran mural en el Teatro de los Insurgentes. Allí *Cantinflas* aparece como el defensor de los pobres, el generoso y justo proveedor de desagravios. Una vez más el escándalo acompaña a Rivera: en la gabardina de *Cantinflas* ha pintado a la Virgen de Guadalupe, y la prensa y las agrupaciones católicas lo acusan de blasfemo. *Cantinflas* declara su inocencia y le jura respeto a la Virgen. Rivera borra de la indumentaria a la Patrona de los mexicanos. *Cantinflas*, en ese momento, alcanza su apogeo. Lo que sigue lo conocen los aficionados a las caricaturas y los comerciales de televisión.

ESCENAS DE PUDOR Y LIVIANDAD, 1988.

El Teatro de los Insurgentes se encuentra en avenida Insurgentes Sur 1587. El mural que adorna su fachada es obra de Diego Rivera. Está realizado con miles de mosaicos venecianos. Mide 47.2 metros de largo y 12 metros de altura. Destacan figuras como *Cantinflas*, Emiliano Zapata, Maximiliano y Carlota, Morelos, Juárez e Hidalgo.

Avenida Revolución

» Revoluciones por la ciudad hay infinidad, incluyendo sus avenidas.

MERCADO DE LAS FLORES
Avenida Revolución s/n, San Ángel.

Cada año, en San Ángel hay, una feria de las flores y también un mercado permanente, cuyo origen está en el culto indígena a Xiuhtecuitl, señor de las flores. Sus 20 locales están abiertos las 24 horas, los 365 días del año.

MUSEO CARRILLO GIL
Avenida Revolución 1608.

El Museo de Arte Álvar y Carmen T. de Carrillo Gil se fundó a partir de la colección que formó el doctor Álvar Carrillo Gil (1899-1974) a lo largo de su vida, con obras de José Clemente Orozco, David Alfaro Siqueiros, Diego Rivera, Gunther Gerzso, Wolfgang Paalen y del propio doctor Carrillo, entre otros, así como con un conjunto de estampas japonesas (Ukiyo-e) de los siglos XVII y XVIII.

DE LA ROMA E INSURGENTES AL ESTADIO AZTECA Y XOCHIMILCO

San Ángel

El derroche ostentoso es una exigencia social. Si nadie enumera nuestras posesiones más valdría no tenerlas. Una residencia, antes que joya arquitectónica, es cuenta bancaria extendida a lo largo de jardines, albercas, caballerizas, frontones, billares, cuartos de servidumbre, pinturas, muebles. En Las Lomas, en El Pedregal, en San Ángel, no viven familias, habitan fortunas que se allegan la responsabilidad delatando con el tamaño de los muros y la extensión del terreno la variedad de recursos, la plétora de arte prehispánico y arte colonial que equilibran el despliegue de tecnología. "Esa casa no debe valer menos de..." Y los poseídos por la envidia depredadora que Veblen estudió, se embarcaban en la contabilidad para llegar a las grandes cifras, la verdadera heráldica de la oligarquía.

NEXOS, OCTUBRE 1982.

CASA DEL RISCO
Plaza de San Jacinto 15, colonia San Ángel.

Edificada en el siglo XVII la Casa del Risco albergó al batallón que formó parte del ejército estadounidense en 1847 pues, por su ubicación y tamaño, resultaba un sitio estratégico para las fuerzas invasoras.

Hoy es un museo ubicado en la Plaza de San Jacinto, en San Ángel. En el patio principal se encuentra la Fuente del Risco, una obra anónima del siglo XVII, adosada a modo del altar barroco y adornada con platos, platones, tazas y tibores de cerámica china, europea y mexicana, conchas y espejos.

Al parecer, Isidro Fabela, político mexiquense, quien participó en la Revolución mexicana, fue el último dueño de la mansión.

Posteriormente, donó el inmueble, su archivo histórico y una biblioteca especializada en derecho internacional que supera los 30 mil volúmenes.

» Al capo Benítez se le extraña en los convites culturales.

JOSÉ LUIS CUEVAS
LA MAFIA

Conocí a **Carlos Monsiváis** a principios de los años 60. La primera vez que lo vi fue en casa del historiador y crítico de cine **Emilio García Riera**, allá por los rumbos de **San Ángel**. En esa ocasión estaba también **Carlos Fuentes**. Iniciamos una conversación que a los tres nos interesaba mucho, en la que tratábamos de demostrar nuestros conocimientos sobre el cine en una trivia cinematográfica, sin embargo, **Monsiváis** no intervenía en la charla, pero nos escuchaba con profundo interés. Nuestros conocimientos no se limitaban al cine mexicano sino también al de muchos otros países. **Fuentes** y yo sabíamos sobre cinematografía argentina, quizá en eso llevábamos la delantera. **Monsiváis** era el más joven de ese grupo. Después de un rato, cada quien se fue a su casa, pero ahí empezó mi amistad con **Carlos**.

Nos reuníamos con frecuencia y establecimos una especie de competencia muy gozosa, porque uno comentaba las conferencias que había dictado en varios estados de la **República**, pero el otro no se quedaba atrás y enumeraba las pláticas que también había impartido.

Desde que lo conocí se mostró como un hombre ávido de conocimientos, su cultura siempre ha sido enciclopédica; hablaba desde temas que para algunos podían ser superficiales hasta literatura, filosofía o cualquier otra cosa relacionada con el conocimiento humano.

Nosotros formábamos parte de un grupo que nuestros detractores, que no eran pocos, llamaban **La mafia**. Hay una foto memorable que tomó **Héctor García** en **La Ópera**, ahí aparecemos **Monsi**, como le dicen sus amigos más cercanos, **Carlos Fuentes**, **Fernando Benítez** y yo, todos muy serios, con aspecto de mafiosos. El capo era **Benítez**. Lo que nos distinguía de aquellos que nos atacaban era nuestra superioridad cultural y sentido del humor.

Los años pasaron y el afecto que le tengo permanece intacto. La última vez que lo vi fue en **Buenos Aires**, cuando ambos fuimos invitados a dar una conferencia en un encuentro de economistas de diferentes países latinoamericanos. Como yo no sabía nada del tema, les avisé a los presentes a mi charla que me dedicaría a hablar sobre la relación del cine mexicano con el argentino, entonces escuché las carcajadas de **Monsiváis**, quien me miraba con complicidad.

En ese entonces ya se sabía que me había casado por onceava vez con **Beatriz del Carmen**, así que le pregunté a **Carlos** su opinión al respecto; tras unos segundos, me dijo sonriente: **"Simplemente genial"**.

Monsiváis es de esos amigos que uno quiere ver con frecuencia o que, por lo menos, continúen las conversaciones telefónicas, que son extraordinariamente divertidas. (**ap**)

> San Ángel fue un asentamiento llamado Tenanitla (en el muro de piedra). En el siglo XVII los monjes carmelitas establecieron aquí uno de sus conventos más importantes de la Nueva España, debido a la gran cantidad de árboles frutales que crecían bañados por las aguas del vecino río Magdalena, lo que propició la fundación del pueblo de San Ángel. La zona estaba aislada del resto de la ciudad, hasta los años 50. Antes de eso, ir de San Ángel a la Ciudad de México era un largo viaje que se hacía en tren o en tranvía. Posteriormente, el lugar cobró fama, cuando en un restaurante del pueblo fue asesinado el general Álvaro Obregón. A mediados del siglo XX, con la construcción de las avenidas Revolución e Insurgentes, quedó trazado en definitiva el carácter actual de San Ángel, destruyendo gran parte del atrio de la iglesia del antiguo convento. Al cruzar avenida Revolución, por la calle de Arenal, se llega a otro de los barrios tradicionales de San Ángel: Chimalistac que, según los cronistas, fue el sitio donde, en épocas prehispánicas, se labró el Calendario Azteca.

DE LA ROMA E INSURGENTES AL ESTADIO AZTECA Y XOCHIMILCO

Coyoacán

MARGO GLANTZ
RECUERDOS DE MONSIVÁIS

Lo recuerdo haciéndome esperar dos o tres horas en diferentes **Sanborns**. En diferentes lugares y constantemente en manifestaciones: en el **68**, en el **Zócalo**, con los tanques de los militares al lado de nosotros, caminando cerca del rector **Barros Sierra**, con los **estudiantes del 68**.

Creo que lo vi por primera vez hace siglos, por el año 53, en un mitin porque iban a electrocutar a los **hermanos Rosenberg**. Me imagino que lo he de haber visto en otra manifestación contra **Nixon**, porque iba a venir a **México**.

Lo recuerdo muchísimas veces, huraño, hostil, saludando de lado, a veces no reconociéndome, en las reseñas del cine **Roble**. Si la memoria no me falla, en el **Auditorio Nacional**, donde pasaban películas de la *nouvelle vague* del cine francés, o en el cine **Internacional**, haciendo cola para ver el ***Ángel exterminador*** de Buñuel.

Lo recuerdo en la **Zona Rosa**, probablemente en el café de mi papá, en el restaurante **Carmel**, en un pasaje que quedaba en **Génova** y **Londres**, a donde llegaba con muchísima gente. A veces, en el **Bellinghausen** o en el **Del Monicos**, con la gente del **Pen Club**.

Lo recuerdo muchas veces en conferencias que yo organizaba en el **Instituto Cultural Mexicano Israelí**, que quedaba en **Mariano Escobedo**: eran sensacionales, con lleno absoluto.

Lo recuerdo en mi casa miles de veces, **llegando tarde**, naturalmente, o hablando para avisar que no venía o **llegando de incógnito** con alguien a quien de repente dejaba aquí. **Carlos** no comía nada. También lo recuerdo en uno de sus cumpleaños, en casa de **Marta Lamas**, allá por **San Ángel**.

Lo recuerdo en su casa viendo películas, durante un tiempo largo en que íbamos **Sergio Pitol** y yo a verlo, en el cineclub que tenía ahí. Era una casa inmensa, llena de cuartos, algunos de los cuales estaban convertidos en bodegas cuyo contenido pasó a formar parte del **Museo del Estanquillo**. Luego entrabas a su biblioteca: había libros por todas partes; cuadros por todas partes; grabados por todas partes. La sala de cine tenía una pantalla enorme, estaba llena de gatos —y a veces de higaditos— por todas partes. Ellos son las únicas personas —y digo "personas" porque para **Monsiváis** los gatos son eso— a las que realmente les muestra su afecto.

Lo recuerdo en **Chile**, en **París**, en **Londres**, en **España**, en **Barcelona**, en **Nueva York**, sitios donde nos hemos encontrado en congresos y nos hemos divertido como locos. Viajé con él a **Noruega**. Me acuerdo muy bien que fuimos en un barco por los fiordos y creo que el paisaje es lo que menos le interesa en el mundo, ¡ni el de **Noruega**! Estábamos con el hijo de **Pedro Vargas**, quien era el embajador. **Carlos** cantaba canciones de **Pedro Vargas** y de *musicals* estadounidenses, y hacía chistes divertidísimos. Estaban

Sarina Martínez, con quien se divertía como loco, y **Juan Pellicer**. Los fiordos eran una maravilla, pero **Monsiváis** les daba la espalda. Entonces **Sergio Pitol** me dijo:

—No creo que a *Monsi* le interese mucho el paisaje.

Lo recuerdo pasándome recaditos en medio de mis conferencias: "Estoy de acuerdo contigo, pero te faltó mencionar tal cosa… escribe esto otro."

Lo recuerdo muy joven, absolutamente hosco. Resultaba casi imposible hablar con él. Creo que nuestra amistad se inició porque participábamos en las mismas cosas. Él trabajaba en **Radio UNAM** y yo escuchaba su programa, que era extraordinario, en la época en que estaba **Max Aub**. Nos hablábamos lateralmente. Luego yo estuve muy vinculada con **Los Universitarios**, cuando estaba ahí **Margarita García Flores** y yo dirigía **Punto de Partida**. Después, obviamente, estuvimos vinculados porque participamos con las mismas ideas políticas durante el **movimiento del 68**. Íbamos al cine y nos veíamos ahí, y a veces me saludaba y a veces no.

Lo recuerdo cuando nos reuníamos en cafés o de repente venía a mi casa a desayunar y yo le regalaba un bolígrafo que tenía seis colores. Mi hija lo agarraba —celosísima— y lo descomponía. Luego se lo devolvía a **Monsiváis**, quien se enojaba con ella como si fuera un niño.

Lo recuerdo porque comenzamos a llevarnos más a raíz de que me hice amiga de **Sergio Pitol**, en 1981. Ellos son amigos de toda la vida. También me llevaba con otro de sus amigos de toda la vida: **Luis Prieto**.

Recuerdo que yo llamaba muchas veces a su casa. Me contestaba su mamá, a quien apreciaba enormemente, y le decía:

—Habla **Margo**.

—Ay, hola: ¿cómo está? —me decía ella.

—No soy **Margo Su**: soy **Margo Glantz** —respondía yo.

—Ay, ¿cómo está, doctora?

Sin duda, la muerte de su madre ha sido una de las cosas más terribles por las que **Carlos** ha tenido que pasar, aunque él nunca ha demostrado realmente cuáles son sus sentimientos. Después de eso, creo que las mayores tragedias de su vida han sido la muerte de sus gatos y la de su tío, ¡en ese orden!

No le dice nada a nadie. Es una persona totalmente hermética. Puede hablar de lo demás, puede decirte miles de cosas, tiene una memoria impresionante. Ha leído montones de cosas pero nunca habla de sí mismo. No encuentro a nadie tan extraordinario como **Monsi**, en cuanto a información, memoria, inteligencia, capacidad de rememorar cosas imposibles de rememorar, de las que sólo se acuerdan los dos niños catedráticos que son **Carlos Monsiváis** y **José Emilio Pacheco**. Son geniales los dos. Los admiro extraordinariamente.

Hoy **Carlos** es uno de mis amigos más entrañables, pero no íntimo, como lo es **Sergio Pitol**, con quien hablo a diario. Hablamos de nuestros viajes, de nuestros afectos y sobre todo de literatura. Sé que **Carlos** y yo nos queremos mucho. Sé que lo admiro profundamente y que me tiene cierto respeto, que me estima, que cree que soy una persona que hace cosas importantes. De repente me recomienda o me llama para decirme que fue magnífica alguna cosa que hice, lo que me conmueve profundamente porque es muy parco en elogios.

Es una figura fundamental de la literatura y de la política mexicanas. Es uno de los grandes críticos de nuestra realidad; un referente importantísimo desde que, junto con **José Emilio Pacheco**, estuvo en la **Revista de la Universidad**, con **Jaime García Terrés**, aunque cada uno de forma diferente, pero tiendo a asociarlos, aunque sé que cada uno es completamente diferente y que ambos son malvados de formas completamente diferentes.

Siempre que hay una fiesta de cumpleaños para **Monsi** soy una de sus invitadas, lo cual debe querer decir algo. En los últimos años me ha demostrado que me tiene bastante afecto, pero yo nunca sé qué siente con respecto a sí mismo, con respecto a sus amigos.

Aunque me besa así, rápido, de lado, yo creo que sí me quiere. **(lep)**

CASA AZUL, MUSEO FRIDA KAHLO
Londres 247, colonia El Carmen.
La llamada Casa Azul es el sitio donde nació, vivió y murió la pintora Frida Kahlo. Aquí no sólo se expone su obra, sino que es posible conocer la vida cotidiana y casi anónima de la artista, de su marido, Diego Rivera, y de los amigos de la pareja. Inicialmente de color blanco, Frida y Diego pintaron la casa de azul como homenaje a la tradición estética mexicana.

MUSEO LEÓN TROTSKY
Avenida Churubusco 410, colonia El Carmen.
Esta casa sirvió de refugio a Trotsky desde 1937 hasta su muerte, en 1940. Se conserva el mobiliario original y un modesto monumento en el jardín, donde están los restos del político, asesinado por el comunista español Ramón Mercader. Trotsky fue expulsado de la Unión Sovietica en 1929, y en 1937 encontró refugio en Mexico, gracias al apoyo de Diego Rivera.

En una sociedad machista, donde lo pictórico es asunto exclusivo de los hombres (ni la tradición ni el canon artístico perciben a las pintoras), Frida se desentiende de las nociones reverenciadas de "discreción y buen gusto" y, en exorcismo portentoso, se pinta enferma, engendradora y decapitadora de sí misma, hereje procesada por las inquisiciones de la mente y el cuerpo, niña-adulta alimentada por la nana que es la tierra, niña-madre que da a luz a su compañero, el ser mutilado que capta a cada instante la totalidad de su anatomía. Y en la "fascinación por el abismo" de Frida no interviene el autoengaño. A ella todo le está permitido, porque la naturaleza ya se permitió todo con ella.

IMÁGENES DE LA TRADICIÓN VIVA, 2004.

» Pollos y pollitas siempre las encuentras en esta bendita ciudad.

Tan extraño como se avizore, durante la primera mitad del siglo XX los habitantes de la Ciudad de México tienen la impresión de vivir en un ámbito que es un todo coherente, hosco e injusto pero todavía humanizado en algo fundamental. Esta visión bien intencionada afecta incluso a los provincianos, deslumbrados y confundidos bajo sensaciones de hostigamiento. Y la diversidad de sitios, la orgía de autoconstrucción, la irracionalidad de la traza urbana, la ausencia de cultura arquitectónica, el entronizamiento del *kitsch* más vulgar, no bastan para eliminar el gusto por las partes todavía bellas en colonias como la Roma, Coyoacán, San Ángel y la San Rafael, todo lo que configura "lo rescatable" de la ciudad…

MAGDALENA GALINDO
¡TODOS A CASA DE LAS GALINDO!

Todos los días veíamos, mi hermana y yo, a **Carlos Monsiváis**. Lo llevábamos a muchos lados en coche, porque él no maneja.

En 1968 **Fernando Benítez** era director de *México en la Cultura*. No recuerdo exactamente qué mes —pudo ser agosto o septiembre— **Carlos** escribió artículos donde abordaba la crisis de los estudiantes en la ciudad. **Monsiváis** me pidió que lo llevara a casa de **Benítez** para que le diera el visto bueno a sus artículos y se publicaran ese mismo día. **Fernando** se acababa de casar con **Georgina** y vivían en la calle de **Ignacio Mariscal**, en el Centro.

Cuando llegamos, **Fernando**, con mucha confianza, dijo que no necesitaba leer nada, que si **Carlos** los consideraba publicables, él estaba de acuerdo. Finalmente los llevamos a la imprenta, creo que estaba en la **Guerrero**, pero eso fue una verdadera odisea, pues por donde agarráramos había granaderos enfrentándose contra estudiantes. Todas las calles estaban cercadas por policías. Recuerdo que los estudiantes aventaban naranjazos contra los escudos. En un momento dado se oyó un disparo al aire. Fue muy impactante. Al final sí entregamos a la imprenta a tiempo y salió publicado junto a sendos artículos de **García Ponce** y creo que de **Carlos Fuentes**.

Poco después del **68**, cuando se fue a **Essex**, como maestro invitado, le hicimos una despedida en nuestra casa, mi hermana y yo. Fue una fiesta en grande, memorable, pues se iba **Carlos**, quien ya era muy conocido. Hubo muchas fotos de esa celebración en los periódicos, pero recuerdo que acababa de salir *El Heraldo*, el primer periódico a color en **México**, y en su página de sociales se mostraban coloridamente los pormenores de la fiesta. Se empezó a poner de moda que en los cocteles de exposiciones y reuniones de intelectuales fuera indispensable la foto a color en *El Heraldo* para medir el éxito de la reunión. Se me borran las imágenes, pero **Carlos** hizo la lista de los invitados, entre los que recuerdo muy bien a **Carmen Salinas**.

Ya llevaba algunos meses **Carlos** en **Essex** cuando, aquí, en **México**, **Fernando Benítez** quería dejar el suplemento. Estaba indeciso de qué hacer, a quién dejárselo. **Georgina**, su esposa, mi hermana y yo intrigamos: queríamos que **Fernando** se lo dejara a **Carlos**. Para entonces los **Benítez** ya no vivían en **Mariscal**, sino en la calle **Manuel M. Ponce**, a la vuelta de **Juan Rulfo**. (Una locura: **Rulfo** iba mucho a casa de **Benítez**. Al final de su reunión, se paraba Fernando y le decía: "Lo acompaño a su casa, maestro", llegando a la puerta del departamento de **Juan**, éste decía: "Muy bien, maestro, ahora déjeme acompañarlo a mí a la suya", y así se la pasaban horas.)

Total que convencimos a **Fernando**.

—Avísale que quiero que venga a dirigir el suplemento.

Con la diferencia de horarios, me tuve que

despertar a las tres de la mañana para hablarle a la universidad. Le dije lo de **Fernando** y él me respondió que estaba perfecto, pero me encargó preguntarle a **Rolando Cordera** —profesor del que yo misma era adjunta— si aceptaría codirigir o formar parte importante del Consejo de Redacción del suplemento.

—Si él acepta yo también acepto, me avisas y regreso a **México**.

Por supuesto que **Cordera** estaba interesado en esa posición. **Monsiváis** volvió. Fuimos por él al aeropuerto.

Mucho después habíamos quedado en tener una reunión en mi casa de **Farallón**, en **Jardines del Pedregal**, después de una conferencia que él dio, quizás en la sala **Ponce** de **Bellas Artes**. Habría invitados esperándonos.

Sorpresivamente, al terminar el evento, **Carlos** se dirigió al público desde el estrado, invitándolos a mi casa. Sin chistar, una parte del público aceptó. Cuando llegamos a casa, había detrás de nosotros un conjunto de alegres comensales que no conocíamos.

Al día siguiente nos llamó la mamá de **Carlos**. (Hablábamos mucho por teléfono con ella. Era una mujer muy inteligente, con mucho sentido del humor. Yo sostengo que **Carlos** heredó eso de ella.) Estaba muy apenada:

—Es que me dijeron que Carlos llevó a tres invitados, que no esperaban ustedes, a su casa.

—¿Tres? No, señora, ¡eran como doce! **(pgr)**

Coyoacán fue, en tiempos prehispánicos, un centro a orillas del lago y, en náhuatl, significa *lugar donde hay coyotes*. Hernán Cortés fundó aquí el primer Ayuntamiento de la Nueva España. Fue apenas al inicio del siglo XX que Coyoacán dejó a un lado su muy antigua vocación agrícola para convertirse en uno de los barrios más típicos de la Ciudad de México. Aquí han vivido grandes artistas, pensadores e intelectuales. Hoy es un sitio de gran tradición cultural, lleno de cafés y librerías; de restaurantes y museos; de folclor y vanguardia. En la delegación Coyoacán se encuentra, además, Ciudad Universitaria, y no pueden dejar de mencionarse el ex convento de Churubusco, los Viveros, las plazas de Santa Catarina, La Conchita, Centenario y el Jardín Hidalgo. Tampoco se pueden pasar por alto museos como el Diego Rivera-Anahuacalli, León Trotsky, Frida Kahlo, Nacional de las Intervenciones, de la Acuarela, del Automóvil y el de Culturas Populares.

DE LA ROMA E INSURGENTES AL ESTADIO AZTECA Y XOCHIMILCO

Ciudad Universitaria

» Por fin CU es patrimonio de la humanidad y de los estudiantes que la frecuentan.

MUAC
Insurgentes Sur 3000, Centro Cultural Universitario. Metro Universidad, Ruta 3 Pumabús.

El Museo Universitario Arte Contemporáneo de la UNAM es la única institución pública en México que en la actualidad alberga arte contemporáneo nacional e internacional. Concebido de forma integral, en su arquitectura, gestión y museología.

A principios de la década de 1950 en la etapa de la construcción de Ciudad Universitaria, yo estudiaba el bachillerato en el Centro, hoy Centro Histórico, y me sentía integrado a lo que México había sido y estaba siendo. En el Centro todo era ya espacio simbólico: los edificios virreinales, los neoclásicos, las propuestas del abandono y del deterioro (esos "arquitectos traicioneros" de los Centros Históricos, esos asesinos seriales del aspecto urbano), y también lo legalizado por las costumbres, que le adjudican a la mirada el papel de la resignación. Y el viaje hasta el Pedregal desataba toda suerte de profecías ominosas o, las más de las veces, optimistas...

PROCESO. NÚM. 1601, 2007.

SI EXISTE LA ARQUITECTURA DEMOCRÁTICA, Y ES POSIBLE QUE SÍ PUESTO QUE TANTO SE HAN MENCIONADO A LA ARQUITECTURA AUTORITARIA, A LAS TEORÍAS Y A LAS DESTREZAS DE ALBERT SPEER, CIUDAD UNIVERSITARIA ES "ARQUITECTURA DEMOCRÁTICA", EN EL SENTIDO DE NO CREAR BARRERAS Y NO IMPONER LA GRANDEZA Y LA MAJESTUOSIDAD COMO CRITERIOS DE LA OBSERVACIÓN.

PROCESO, NÚM. 1601, 2007.

CLAUDIO OBREGÓN
IMPROVISACIONES

Trabajé en **Radio Universidad** entre 1961 y 1969, cuando se transmitía desde **Ciudad Universitaria**. Era el encargado de producción en el programa *El cine y la crítica*, donde el guión lo hacía **Carlos Monsiváis**.

Participaban, entre otros, **Luis Heredia**, **Nancy Cárdenas** y **Estela Matute**. Lo que nos ponía a hacer el guionista eran improvisaciones que nos divertían, pues nos burlábamos no sólo de situaciones del cine nacional, sino de la política de entonces.

En ocasiones también asistían al programa **Rosario Castellanos**, **Carlos Fuentes**, **Ricardo Guerra** y **Ramón Xirau**. Era un placer trabajar allí. Bajo la dirección de **Max Aub**, **Radio Universidad** alcanzó su mayor época por esos días.

Cuando dejé de trabajar en **Radio Universidad**, creo que el programa se dejó de producir por cometer ciertos excesos con el presidente **Díaz Ordaz**, me encontraba muy seguido a **Carlos** en grandes fiestas que ofrecían **Gurrola** y **Nancy Cárdenas**.

Antes, yo había entrado al semiclandestino **Partido Comunista**. No recuerdo bien si en el 63 o 64, pero lo que sí recuerdo es que fui candidato a diputado en el 68 o 69, y entonces visitaba a **Carlos**, porque el distrito que me correspondía estaba junto a **San Simón**, donde me parece siempre ha vivido él. En su casa nos poníamos a hablar de teatro y de cosas que no tenían que ver con mis bases ideológicas.

En 1985 **Monsiváis** fue a ver *En el nido de la serpiente*, de **Cecilia Appleton**, obra muy bien recibida en la que yo trabajaba con el grupo de experimentación corporal **Contradanza**. Él admiró mucho mi trabajo en esa obra, además de la labor del grupo, que era llevar el arte de la danza a barrios bravos, albergues, escuelas públicas y reclusorios, siempre correspondiendo con la población marginada. Al terminar mi actuación, en algún lugar de la ciudad, se acercó a regalarme un libro, alguna obra de teatro de la que he olvidado todo. (**pgr**)

> Literatura siempre, a todas horas. Y oía con mayor precisión el Llamado de las Letras al comprobar mi sucesivo y reiterado desinterés ante aquello que condujese a las matemáticas, la medicina, la biología, la química, la física, la jurisprudencia, las artes plásticas, la música y el contrabando de ropa íntima.
>
> *AUTOBIOGRAFÍA*, 1966.

DE LA ROMA E INSURGENTES AL ESTADIO AZTECA Y XOCHIMILCO

La fecha del cambio drástico: 1954. Al desplazarse las facultades de la UNAM del Centro, todavía no Histórico, a Ciudad Universitaria, se modifican radicalmente las ideas y las prácticas de lo universitario. Es muy suave o pasa inadvertido el desarraigo de la tradición (salir del escenario tan densamente histórico apresura el olvido de los modos de ser correspondientes) y, complementariamente, la noción del campus remite por fuerza al nuevo tótem, la modernidad, el método para sentirse liberado de compromisos con un pasado que se deja ver aburrido, hostil, condenatorio.

LETRAS LIBRES, NOVIEMBRE DE 2004.

JARDÍN BOTÁNICO
Circuito Exterior, Ciudad Universitaria.
El Jardín Botánico "Faustino Miranda" del Instituto de Biología de la UNAM es el más importante del país y el segundo más antiguo. Fundado en 1958, año en que el Instituto de Biología se mudó de la Casa del Lago de Chapultepec a Ciudad Universitaria, este jardín está dedicado a cuidar e investigar el patrimonio vegetal de nuestro país, que ocupa uno de los primeros lugares en el mundo en cuanto a riqueza florística. Otro objetivo es la colaboración en la enseñanza y la divulgación de la botánica. Año con año, gran número de personas acuden al Jardín en busca de información.

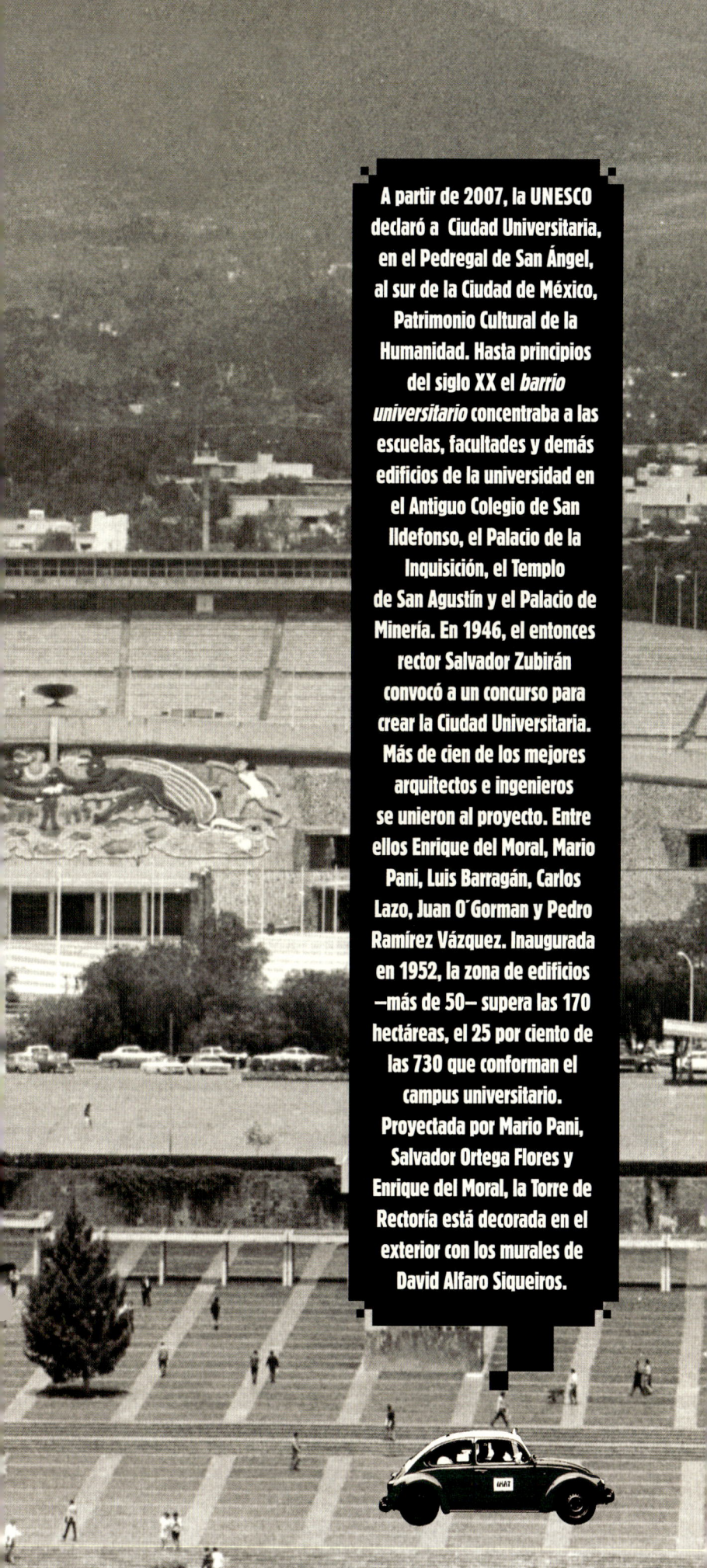

A partir de 2007, la UNESCO declaró a Ciudad Universitaria, en el Pedregal de San Ángel, al sur de la Ciudad de México, Patrimonio Cultural de la Humanidad. Hasta principios del siglo XX el *barrio universitario* concentraba a las escuelas, facultades y demás edificios de la universidad en el Antiguo Colegio de San Ildefonso, el Palacio de la Inquisición, el Templo de San Agustín y el Palacio de Minería. En 1946, el entonces rector Salvador Zubirán convocó a un concurso para crear la Ciudad Universitaria. Más de cien de los mejores arquitectos e ingenieros se unieron al proyecto. Entre ellos Enrique del Moral, Mario Pani, Luis Barragán, Carlos Lazo, Juan O´Gorman y Pedro Ramírez Vázquez. Inaugurada en 1952, la zona de edificios —más de 50— supera las 170 hectáreas, el 25 por ciento de las 730 que conforman el campus universitario. Proyectada por Mario Pani, Salvador Ortega Flores y Enrique del Moral, la Torre de Rectoría está decorada en el exterior con los murales de David Alfaro Siqueiros.

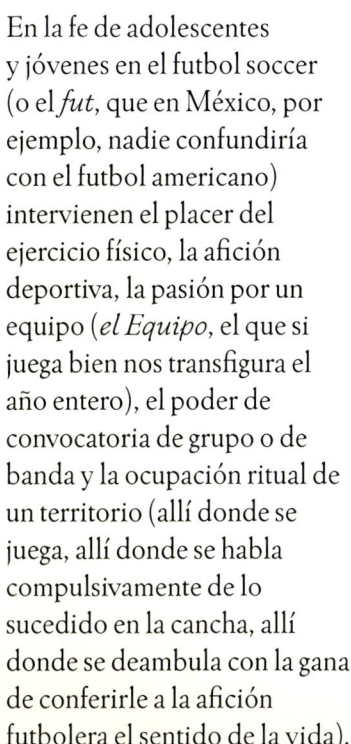

En la fe de adolescentes y jóvenes en el futbol soccer (o el *fut*, que en México, por ejemplo, nadie confundiría con el futbol americano) intervienen el placer del ejercicio físico, la afición deportiva, la pasión por un equipo (*el Equipo*, el que si juega bien nos transfigura el año entero), el poder de convocatoria de grupo o de banda y la ocupación ritual de un territorio (allí donde se juega, allí donde se habla compulsivamente de lo sucedido en la cancha, allí donde se deambula con la gana de conferirle a la afición futbolera el sentido de la vida).

IMÁGENES DE LA TRADICIÓN VIVA, 2004.

ESTADIO AZTECA*
Calzada de Tlalpan 3665, colonia Santa Úrsula Coapa, Coyoacán.
El Estadio Azteca, conocido con el sobrenombre de "El Coloso de Santa Úrsula" por encontrarse ubicado en el pueblo de Santa Úrsula. Es el estadio de Ciudad de México ubicado a 2240 metros sobre el nivel el mar. Fue diseñado por los arquitectos Pedro Ramírez y Rafael Mijares y se construyó en 1962 con motivo de la novena edición de la Copa Mundo de Fútbol, México 70. Cuenta con 114.600 localidades, siendo el tercer estadio más grande del mundo en capacidad con espectadores sentados después del Estadio Rungnado May Day en Corea y el Saltlake Stadium en La India. Sigue siendo el único estadio en el mundo que ha albergado dos finales de Copa Mundo, en México 70 y México 86.

DE LA ROMA E INSURGENTES AL ESTADIO AZTECA Y XOCHIMILCO

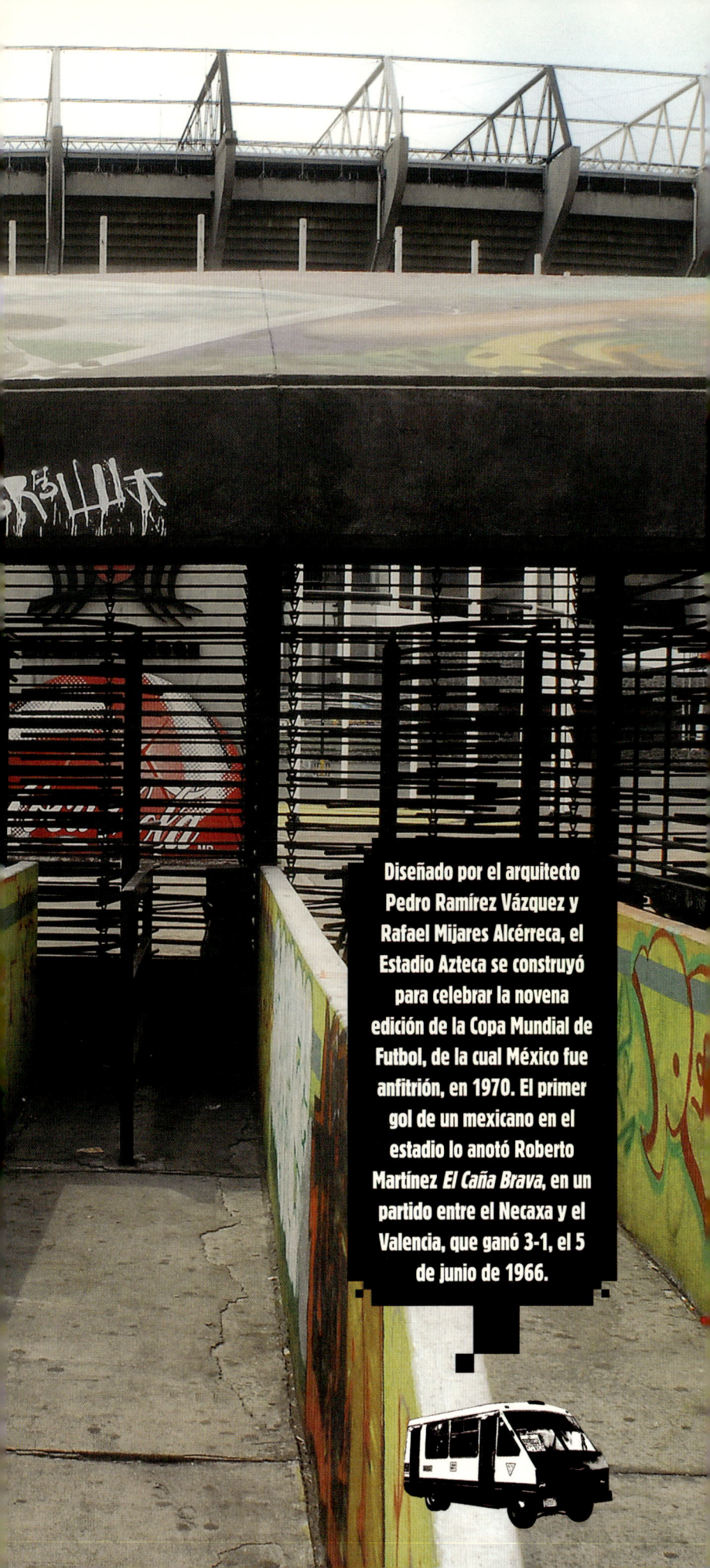

Diseñado por el arquitecto Pedro Ramírez Vázquez y Rafael Mijares Alcérreca, el Estadio Azteca se construyó para celebrar la novena edición de la Copa Mundial de Futbol, de la cual México fue anfitrión, en 1970. El primer gol de un mexicano en el estadio lo anotó Roberto Martínez *El Caña Brava*, en un partido entre el Necaxa y el Valencia, que ganó 3-1, el 5 de junio de 1966.

» En Xochimilco hay trajineras, fiesta, comida casera surtida y borrachos frecuentes.

Prosigue el concurso *La flor más bella del ejido*, que se inició en 1955, en plena euforia del país distinto, porción modesta y eficaz de la estrategia que nos modernizó saturándonos de nuevas tradiciones de apariencia ancestral.

ESCENAS DE PUDOR Y LIVIANDAD, 1988.

CONCURSO *LA FLOR MÁS BELLA DEL EJIDO*
Xochimilco.

Se dice que este certamen de belleza rememora el culto a Xochiquetzalli, diosa prehispánica de las flores, y que se mezcló con la celebración católica del viernes de Dolores, antes llevada a cabo en el paseo de La Viga del pueblo de Santa Anita, hoy delegación Iztacalco. Pueden participar en él jóvenes solteras originarias o residentes de las delegaciones del DF donde hayan existido o existan ejidos.

Nos urge levantarle el ánimo a las jóvenes que no frecuentan los buenos círculos, y necesitamos un concurso a la altura de nuestras costumbres, sin trajes de baño ni desfiles que ofendan la moral de los padres de familia. Tendrá un nombre llamativo, desde luego. ¿Cómo ve *La rosa de la chinampa* o *Margaritas de los surcos*? No, ya sé. ¡Se llamará *La flor más bella del ejido*! Es bonito, tiene un aire campirano, claro que sí, evoca pueblo, tierra sembrada, los escenarios de Dolores del Río, en *María Candelaria*. Por supuesto, qué buena memoria tiene usted, licenciado. Así será, con las hijas de los ejidatarios, y mariachis, y paseos en trajineras y harta foto y un baile. Exactamente, como *Reinas por un día*. De la choza al palacio. Del piso de lodo al mármol. Eso las hará sentirse distintas y luego se esforzarán por mejorar la imagen. Ya verá. Mejorarán todos.

ESCENAS DE PUDOR Y LIVIANDAD, 1988.

LA ISLA DE LAS MUÑECAS
Laguna de Teshuilo, Xochimilco.

María Candelaria, la película de Emilio *El Indio* Fernández, que protagonizaron Dolores del Río y Pedro Armendáriz, inmortalizó la belleza de las chinampas de Xochimilco. Una de ellas, ubicada en la laguna de Teshuilo, es el escenario de una extraña historia. La Isla de las Muñecas fue durante muchos años el hogar de don Julián Santana, coleccionista de muñecas que colgaba en árboles y ramas para ahuyentar a los malos espíritus. Fascinante para unos y aterrador para otros, este lugar, "a una hora y media de brazo de remo" del embarcadero de Cuemanco, es sin duda uno de esos sitios que sólo existen en la Ciudad de México.

¿A dónde váis, Monsiváis? } **220** { Guía del DF de Monsiváis

DE CASA DE *MONSI,* EL METRO PORTALES Y EL CALIFORNIA DANCING CLUB A **IZTAPALAPA**

» En el mercado de Portales todavía se encuentra casi de todo, incluyendo a las pajareras y sus cantores.

ÓSCAR CHÁVEZ
NATIVOS DE LA PORTALES

La colonia **Portales** es sin duda el punto de encuentro que mantengo desde hace muchos años con **Carlos Monsiváis**. Los dos somos nativos del lugar, y aunque yo me alejé físicamente del viejo barrio, nunca he dejado de sentirme parte de él, sobre todo cuando recuerdo la calle **San Simón**, donde siempre ha vivido **Monsiváis**, a quien siempre le comento —en son de broma— que tal vez los dos somos una especie en peligro de extinción, ya que somos de los pocos chilangos auténticos que todavía viven, productos netos y natos de la **Ciudad de México**. Hay que caminar para conocer la ciudad, que es lo que en esencia hace de manera permanente **Carlos**, convirtiéndose en testigo de los cambios que ha tenido ésta y sus barrios, trabajo complejo que se echó a cuestas creo que por puro amor que le tiene.

También lo recuerdo cuando llegaba a **Radio Universidad**, cuyas instalaciones se encontraban en **Ciudad Universitaria**, frente al **Museo Universitario**, aunque la referencia exacta era que, de frente a las instalaciones, se tenía la estación de los camiones que, de diferentes puntos, llegaban a **CU**.

Al estudio de **Radio Universidad** llegaba **Monsiváis**. Yo trabajaba de locutor, y acompañado de un grupito con el que se hacía el célebre programa ***El cine y la crítica***, no hacíamos más que divertirnos. No recuerdo los años, pero debe haber sido como por mediados de los 60. Ahí se decían muchas cosas, en completa libertad, abarcando todos los temas posibles. Solía hablarse poco de cine pero, eso sí, había mucha crítica sobre aspectos sociales, culturales y políticos, con tal sarcasmo que los que participábamos lo hacíamos con un gusto enorme, impregnados por el fino humor de **Carlos**.

En cuanto a la película de ***Los caifanes***, bajo la acertada dirección de **Juan Ibáñez**, se puede decir que simplemente extendimos la diversión con la que vivíamos. La cinta se convirtió en algo insólito para todos, y por supuesto para **Carlos** y su **Santaclós** borracho marcó todo un acontecimiento. No tengo claro si con eso se inauguró en la actuación pero sí recuerdo que fue muy celebrado, y es que **Monsiváis** en sí mismo es una anécdota, todo lo que se hable de él es justamente eso, una gustosa y festiva anécdota.

Lo que se puede subrayar de él es su memoria prodigiosa, para mí por lo menos. En aquellos tiempos, y estoy seguro que también en los actuales, siempre traía a flor de labios la tonadita del corrido *La pulquera*, la cual no recuerdo en estos momentos, pero él simplemente me la repetía de memoria. Si **Carlos** estuviera aquí presente me la cantaría, y, como en aquellos días, ya más de cuarenta años han pasado, volveríamos a interpretarla con mucho gusto, a dúo. **(pgr)**

CALLE SAN SIMÓN
Colonia Portales.
San Simón es el nombre de una isla saqueada por piratas ingleses en el municipio gallego de Redondela, España. San Simón es también, junto con San Judas Tadeo, uno de los 12 apóstoles que predicaron la palabra de Dios, pero San Simón es para todos nosotros la calle de la Colonia Portales a donde se dirigen todas las peregrinaciones que quieren visitar a Carlos Monsiváis, en su casa.

Naco es los anteojos oscuros en la noche, el acento cantadito, los vestigios del peladito, los residuos de ahí va el golpe, la conversación hecha de puritita *mass media*; una caldera del diablo en el D.F. donde intervienen los goles y pleitos taurinos, el California Dancing Club, *Los Polivoces* y *Gordolfo Gelatino* y la madrecita mexicana, las hermanitas Núñez y Reconciliación; el pelo a lo pachuco no a la *hippie*; el descontón a la malagueña, las canciones de Los Beatles, (voceadas, sin letra posible), el nuevo estilo de paso africanazo, las playeras rojas y blancas, dejé mi corazón en el Necaxa, ésele mi Paco Malgesto. Naco es el insulto de una clase que dirige a otra, y que –historia de los años de fuego– los mismos ofendidos aceptan y utilizan como insulto...

LA CULTURA EN MÉXICO, MARZO DE 1969.

La sensualidad en el California Dancing Club. Es como es, la risa ingenua y jactanciosa, la codicia disfrazada de humor, el humor revestido de apetencia, el apretujamiento que es a un tiempo cortejo y consumación, ven, aléjate, regresa, apriétate, apártate, júntate hasta que desaparezcas, no ostentes lo que a nadie le importa, roza y deja rozar, repégate y piensa que soy otro para que ambos nos entusiasmemos.

ESCENAS DE PUDOR Y LIVIANDAD, 1988.

Portales-Peyton Place: un pequeño pueblo con cines mugrientos, dos casas de citas, medios obsequiosos, un Seleccionado Olímpico que jugaba aquí a la vuelta, veinte equipos de futbol llanero, adulterios sorprendentes, pirotecnia maltusiana y un diputado, el Sr. Licenciado López Gómez o Hernández Díaz o Sánchez Pérez o Aquílefallastemnemotecnia. Por favor, no deje usted de anotar el problema de la delincuencia juvenil: es increíble, para qué sirve la policía, aquí hasta niños de once años fuman mariguana, y hace unos meses mataron junto al California Dancing Club al Terrible Canchola.

AUTOBIOGRAFÍA, 1966.

DE CASA DE MONSI, EL METRO PORTALES Y EL CALIFORNIA DANCING CLUB A IZTAPALAPA

» El buen bailaor es cliente frecuente del Califa, con o sin tirantes.

**California Dancing Club
Calzada de Tlalpan 1189,
entre Metro Portales
y Metro Nativitas.**

Sin duda uno de los salones de baile más populares de la Ciudad de México, el California Dancing Club organiza maratónicas sesiones de baile, en donde el cartel incluye a media docena de bandas musicales.

Aquí los exhaustos bailarines pueden mitigar su sed con un refresco o, cuando mucho, una cerveza. Ambiente familiar.

> La Federación Mexicana de Baile y Danza Deportiva llama al California Dancing Club "el templo del danzón". En su página oficial, la federación afirma: "El California Dancing Club es tan famoso y legendario, que Carlos Monsiváis espera que, al morir, sus cenizas se esparzan ahí."

DE CASA DE MONSI, EL METRO PORTALES Y EL CALIFORNIA DANCING CLUB A IZTAPALAPA

ESA ES LA ONDA, EL BAILE CON FAJE NO ES ALGO DISTINTO DEL SEXO, TAL VEZ MENOS JADEOS Y MENOS TEATRO, QUIZÁ MENOS ESPECTADORES A LA HORA DEL TRIUNFO.

ESCENAS DE PUDOR Y LIVIANDAD, 1988.

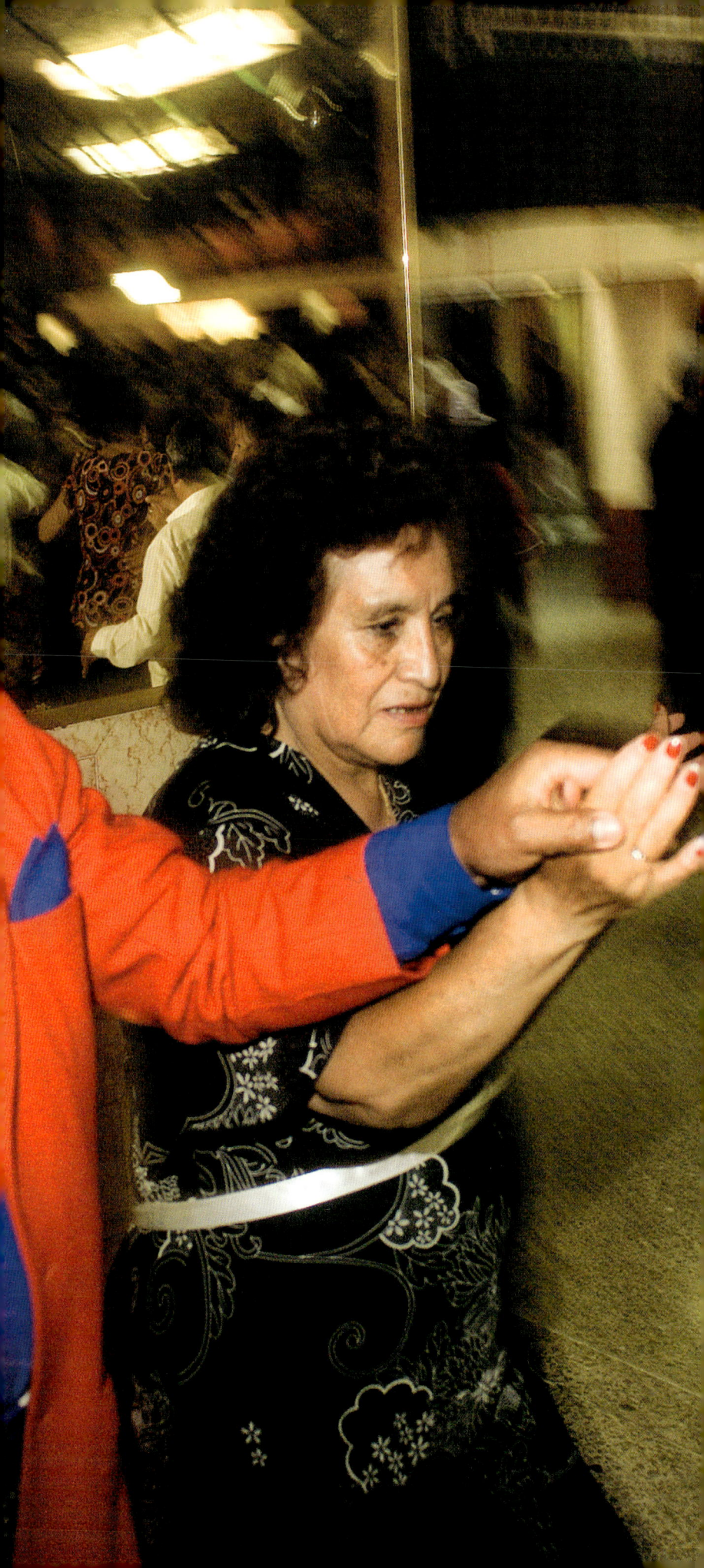

» El humor de Buster Keaton pervive en todo cinéfilo.

LUIS PRIETO
DOÑA ESTHER Y LUTERO

Yo era un joven miembro de una organización que se llamaba **Centro de Estudios Mexicanos**, por allá de los años 50, heredera de los enriquistas, una respuesta a la corrupción alemanista. Comenzó el problema de **Guatemala** y se decidió que **Sergio Pitol** y yo, que estudiábamos **Derecho**, fuéramos a **San Ildefonso** a convocar a muchachos preparatorianos para que se unieran a la defensa del gobierno guatemalteco.

Debió haber sido mayo cuando fuimos. Entramos en un salón de clase y apareció un chamaco, tan chiquillo como abusado, preguntando cosas inteligentes. Luego luego se nos pegó ahí mismo. Era **Carlos Monsiváis**, de saco y corbata. Ahora lo niega pero yo lo vi. Así empezamos a salir con él.

Recorrimos varios salones, fuimos a **La Merced**, a casa de **Frida** —donde nos puso una *cagotiza* por llevar al revés la bandera de **Guatemala** y nos invitó tamales—, a casa de **Aurora Reyes**, una mujer divertidísima, ahora ya casi olvidada.

Nos la pasábamos en los barrios universitarios, que eran maravillosos. Había una cantidad de gente espectacular. Me acuerdo de unos viejos llamados los **Tuxtepequeños Auténticos**. Defendían el **Plan de Tuxtepec** en pleno 1950, y se manifestaban en contra del general **Porfirio Díaz**, porque él había traicionado su plan, decían los señores.

La primera vez que acompañamos a **Carlos** a su casa me sorprendí de todo. Donde vivía él pasaba un arroyo o caño, no sé. Como mi casa era un pastizal abandonado a su suerte, pues era la primera en las praderas de **Coyoacán**, me daba cuenta de que éramos casi iguales. Íbamos caminando con él, muy cerca de su casa, en **San Simón**, cuando comenzaron a gritarle:

—¡Órale, pinche sabio baboso!

Es que **Monsiváis** salía en un programa de radio llamado *Niños catedráticos*, y los pelados se morían de envidia, según nos explicó él mismo.

En su casa me fui enterando que era protestante. Allí conocí al personaje maravilloso y entrañable que fue su madre, **doña Esther**. Ella era la claridad, la dignidad. Recuerdo que era la primera vez que alguien me hablaba bien de **Lutero**. Todos me decían pestes de él. Incluso, cuando vivía en la colonia **Roma**, no pasábamos frente a la casa de unos luteranos, por babosadas que nos decían, y cuando me descubre **doña Esther** a un **Lutero** traductor, humanista, músico, me arrepentí de no ver a la cara a aquellos vecinos que tuve. Lo mejor que tuvo **Monsiváis** fue su madre.

Por esos días nos invitó a una iglesia protestante en **Balderas**, donde **Sergio** y yo lo oímos cantar partes del *Mesías* de Haendel: era un barítono impresionante. Luego, en su casa de **San Simón**, fundó hacia 1990 el **Club Quintito**, un lugar donde igual nos ponía una película que nos la pasábamos escuchando su música espantosa. Le encantaba una que, recuerdo, se ponía a gritar con el negro que la interpretaba: "Where is the tiger? Where? Where?". Recuerdo allí haber visto una película de **Buster Keaton**, que ya sólo repetíamos para reírnos de un personaje que era igualito a **Carlos Salinas de Gortari**. Nada más para eso nos reuníamos. (**pgr**)

El personaje tiene dos horas queriendo entrar al hoyo fonqui. Los encargados lo rechazan con rudeza y él vuelve a la carga, indiferente a los insultos y empellones, ávido de explicarse. "Miren cabrones, yo bauticé estos pinches lugares. Yo le puse *hoyos fonquis*, para dar idea del agujero a que nos han reducido y lo grasoso, lo *fonqui* de esta mierda. Yo escribí sobre los hoyos y los puse de moda. Soy Parménides García Saldaña, cabrones, el mismísimo *Parme*, una leyenda en vida." Los encargados no se inmutan ante el *vital* legendario, y lo hacen a un lado de nuevo. En un descuido de los guardianes el *Parme* sube corriendo las escaleras. Lo atrapan y lo devuelven en vilo a la entrada.

DE CASA DE MONSI, EL METRO PORTALES Y EL CALIFORNIA DANCING CLUB A IZTAPALAPA

Allí se repone lentamente, se sienta en cuclillas y como en un rezo hipnótico improvisa poemas, maldice a los políticos del PRI, recuerda letras de rolas clásicas, habla a la distancia mental con algún amigo suyo que escapó del nacionalismo tocando con un grupo anglo en Denver, se propone recitar *Howl*, de Allen Ginsberg pero le falla la memoria y no se acuerda qué chingados les pasó a las mejores mentes de su generación y, de pronto, canta "El Rey", una canción que si bien se oye parece un blues de BB King, nomás que a otra velocidad.

Los chavos lo observan de pasada y se meten al *hoyo fonqui*.

"CONFABULARIO", *EL UNIVERSAL*, JUNIO DE 2004.

EUGENIA HUERTA
A LA RO-RO STALIN

Siempre improvisando, por cualquier motivo, **Carlos** cantaba a la menor provocación. Es muy difícil precisar el contexto en que se dieron estas interpretaciones o propuestas de canciones que me hacía **Carlos Monsiváis**, pero se dieron en el transcurso de larguísimas conversaciones telefónicas. Si yo tenía a la mano lápiz y papel, y además humor, iba tomando nota de éstas.

Creo que **Monsiváis** o nunca duerme en horas nocturnas o se despierta muy temprano para revisar los periódicos, pues invariablemente a las siete de la mañana marcaba a mi casa para comentar con **Carlos Pereyra**, mi primer esposo, las notas del momento. Las llamadas siempre las hizo a los dos departamentos que tuvimos, primero en **Vértiz** y **Eugenia**, y luego en **San Borja** y **Cuauhtémoc**, desde su casa de siempre, en la calle de **San Simón**, en la **Portales**, y entonces quien primero agarrara el teléfono, **Carlos Pereyra** o yo, iniciaba la conversación interminable con nuestro gallo contador del tiempo, aunque en mi caso era cantador, porque me improvisaba estas letras:

Canción de cuna para Eugenia Huerta
Esta niña linda
que ya dice aghh
quiere que la lleven
muy pronto al **Gulag***.*

Esta niña linda
que nació de día
quiere que la ingresen
en la policía.
A la ro ro **Stalin**
a la ro ro ya
muéranse **trotskistas**
muéranseme ya.

Un trotskista de lobo
era tal su piel
disfrazado de tesis
tesis de papel.

Arriba del cielo
un ángel te ve
dicen sus alitas
N-K-U-D.

Esta canción la interpretaba con la tonada de "A la ro-ro niño", y como sabía mi filiación estalinista, pues así quería despertarme, y terminaba con la **N-K-U-D**, la policía política soviética, liderada por **Beria**. Esta otra la debe haber interpretado con tonada de **Los enanos**, canción de época de la **Guerra de Reforma**:

Ya los **trotskistas**
ya se enojaron
porque a su jefe
lo pioletearon.

O esta, con la tonada de *Aserrín, aserrán*:

Aserrín, aserrán
los traidores del **GULAG**
piden pan y no les dan
piden queso y les dan un hueso
que se les atora en el...

Ni **Crí-Crí** se salvaba de las parodias musicales que improvisaba, esta con la tonada de **La patita**, en donde **don Pepe** pues era **José Stalin**:

Ahí va Zinoviev
con sus traiciones
y retorciendo declaraciones
y estaba de mal humor
*porque **don Pepe** lo condenó*
y estaba de mal humor
porque su esquema se reventó
y todo el pueblo lo condenó.

Ahí en la cárcel
*había un **trotskista***
y estaba de mal humor
*porque **don Pepe** lo castigó.*

Dentro de estas conversaciones casi infinitas siempre entraba **doña Esther**, su madre, y entonces hablábamos de la formación protestante que ambos tenemos.

A veces también me inventaba otras cosas, por ejemplo adivinanzas con nombres de mujeres:

—La mujer que va y viene: **Laurita Vengo**.

—La mujer más pulida: **Eva Nistería**.

—La mujer que amó la soledad antes de conocerla: **Ana Coreta**.

—La mujer que se bañaba despacio: **Paula Tina**.

—La mujer que sigue todos los consejos de la tv: **Ema Genada**.

—La mujer que no oculta su origen judío: **Eva Sión**.

Así transcurría hasta una hora entablando charlas infinitas, improvisaciones, ocurrencias, chistes muy de nosotros, curiosamente más por teléfono que cuando nos veíamos. Todo terminaba cuando invariablemente me decía: "¡El número telefónico de **Carlos Pereyra** y de **Eugenia Huerta** viva por siempre!"

Era momento de pasarle el auricular a su tocayo para que continuara otro tanto de tiempo, al parecer hablando de cosas serias, y yo a continuar ya el día de manera cotidiana.

Sí hubo visitas a los mismos departamentos a los que nos hablaba. Siempre en el transcurso de los 24 de diciembre, aproximadamente a las seis de la tarde, convivía con nosotros, y como a las diez de la noche se retiraba.

No me consta si acudía al templo protestante de su familia, en donde de manera austera esperan el nacimiento de **Jesús**, en medio de cantos y rezos, pero seguro **Monsiváis** no esperaba la medianoche en nuestro hogar.

Puedo afirmar que este fue el único rasgo de costumbre religiosa que le conocí, a más de la sabiduría mormonística que tiene sobre *La Biblia*. (pgr)

> **El mucho estudio aflicción es de la carne y, sin embargo, la única característica de mi infancia fue la literatura: himnos conmovedores... cultura puritana... y libros ejemplares.**
>
> *AUTOBIOGRAFÍA*, 1966.

DE CASA DE MONSI, EL METRO PORTALES Y
EL CALIFORNIA DANCING CLUB A IZTAPALAPA

» Carmen Miranda, ningún frutero en la rumba le quedaba grande.

ALEJANDRO BRITO
CONTRA LA HOMOFOBIA

"Mucho gusto, señor" fue lo primero que me dijo **Carlos Monsiváis** y se fue, la primera vez que lo conocí, en 1978. Me lo presentaron en una obra de teatro de **José Antonio Alcaraz**: ***Y sin embargo, se mueve***, en **avenida Chapultepec**. Él había ido a develar la placa de las cien representaciones. Se aventó un discurso muy bueno, que a todos nos hizo reír. Volví a verlo, en 1980, durante una marcha. Me reconoció, porque tiene una memoria extraordinaria: "Tú ibas vestido así y yo te dije: 'Mucho gusto, señor'." Se acordaba de cada detalle. Platicamos durante toda la marcha sobre la izquierda, la participación de los partidos, pero no era una discusión formal. Él bromeaba y contaba anécdotas.

Me puse muy nervioso porque yo ya sabía quién era. Había leído ***Días de guardar***, que me impresionó. Sentí que debía decir cosas muy inteligentes frente a él. La segunda vez que lo vi, me di cuenta de que él no es así. Es muy accesible, curioso. Te pregunta de todo:

¿qué haces?, ¿qué lees?, ¿dónde naciste?, y bromea todo el tiempo. Cuando uno empieza a ser solemne y trata de platicar como si uno fuera un intelectual, él de inmediato corta eso. Si no le sigues el juego, se aburre y pierde interés. Ese tipo de trato acartonado a él no le interesa.

Coreografías con doña Emma

Le simpatizó mi fervor revolucionario de jovencito que defendía a capa y espada la revolución socialista. Hicimos buena amistad porque tuvimos muchas cosas en común: la música, el cine, las cantantes de jazz clásicas. A él le fascinan los musicales de **Hollywood**. La primera vez que fui a su casa me *asestó* un programa completo de **Busby Berkeley**, el coreógrafo y director de musicales de los años veinte y treinta. Mientras lo veíamos, yo pensaba para mis adentros que **Hollywood** era una propaganda, que con ese tipo de espectáculos entretenía a las masas y que por eso no adquirirían conciencia revolucionaria. **Carlos**, disfrutando y cantando las canciones de **Fred Astaire**,

DE CASA DE MONSI, EL METRO PORTALES Y EL CALIFORNIA DANCING CLUB A IZTAPALAPA

» Ante *La Doña* nadie se resiste. Ni tu Monsi.

poniendo una y otra vez la coreografía de **Astaire** con **Ginger Rogers**, ¡y yo con mi cara de anarquista fervoroso! Después caí rendido al culto de esos musicales. **Carlos** me decía: "Disfrútalo y olvídate. **Busby** es un genio." Ahora sé que tenía razón. Fui uno de los afortunados a quienes invitó a ver cine en su casa, al cine club que él llama **Doña Ema Roldán**, en memoria de esa actriz. Por ahí han pasado muchas personalidades, conocí a mucha gente. Yo estudiaba en la **ENEP-Acatlán** y trabajaba en la **SEP**, en una biblioteca. El contacto con **Carlos** me desvió de ese camino. Eso y el extravío de la izquierda mexicana influyeron mucho en mí. Seguí mucho a **Carlos**. Yo estaba completamente deslumbrado. En las conferencias me sentaba en primera fila. Recuerdo mucho un homenaje a **Trotsky**, en la **Facultad de Ciencias Políticas**, organizada por trotskistas. La actitud de **Carlos** fue muy crítica, a la vez que reconocía la importancia de ese líder bolchevique. Me gustó mucho lo que dijo, que **Trotsky** en **México** era como una ballena en una alberca, o algo así.

Una vez me acompañó a ver una obra de teatro de

Enrique Álvarez Félix, tal vez en el **Teatro Lírico**. Se llamaba ***Bent***, acerca de dos *gays* que son llevados a un campo de concentración y ahí se se enamoran. Recuerdo que estábamos sentados con ***La Doña*** y de pronto empezó a temblar. Todo el mundo se puso nervioso. Yo vi que ella abrió su bolso, metió la mano y se agachó. Después supe que de la bolsa sacó un amuleto como protección contra el terremoto. Con **Carlos** conocí a muchas celebridades. Me introdujo a un mundo que para mí era completamente ajeno e interesante.

Me sorprendía mucho su popularidad. Lo acompañé a todo tipo de eventos, desde cenas con **Ocatavio Paz** y otros intelectuales, hasta los burlesques o al **Califa** la noche en que le entregaron **El Califa de Oro**, en el **California Dancing Club**, pero no recuerdo el año. Tal vez fue a principios de los años noventa. Esa vez se lo dieron a él y a **Rosa Gloria Chagoyán**. A él por el intelectual más distinguido, y a ella por ser la trailera más importante del año. También estaba ***Catalina Creel***, María Rubio. **Carlos** se divertía mucho. Creo que le interesaban más ese tipo de eventos que toda esa aura de solemnidad.

Hubo un momento en que su popularidad era tanta que, una vez que fuimos a un burlesque, llegamos a media función. El teatro estaba oscuro, pero de inmediato lo reconocieron. De pronto unos parroquianos que le gritaban a la chica que se estaba desnudando lo reconocen, se levantan de inmediato, nos dejan los asientos y le dicen: "Maestro **Monsiváis**, por favor siéntese aquí." ¡Y no es poca cosa! En un tiempo íbamos mucho con **Margo Su** al **Blanquita**. En un concierto de **Flans**, en el **Teatro de la Ciudad**, **Carlos** se aburrió. La gente empezaba a gritarle a las **Flans** el nombre de las canciones que querían escuchar. **Carlos** les gritaba: "***Estrellita, Estrellita***, del maestro **Manuel M. Ponce**!" A él le gusta mucho ver la reacción del público; le sirve mucho para sus crónicas. A veces tomaba notas. Siempre iba con una libreta y con un libro: siempre. Oía una frase y la anotaba. Me impresionaba.

Recuerdo mucho una crónica que está en ***Escenas de pudor y liviandad*** sobre un chavo que se prepara para ir al **California Dancing Club**. **Carlos** lo describió de manera tan magistral que yo digo que es poesía pura. Lo acompañé a sonidos, a salones de baile, a los lugares más apartados que te puedas imaginar por **Ecatepec**, por **Ciudad Nezahualcóyotl**. Sin siquiera cruzar una palabra con los asistentes, él te puede recrear la escena, ese mundo, con gran penetración psicológica.

Él leía muchos cómics de niño. Creo que me contó que, durante horas, se escondía bajo la cama con los cómics y una lamparita. Supongo que de ahí viene mucha de su sensibilidad, de la familiaridad con la que habla de la gente. No es una persona muy sociable, en el sentido estricto de la palabra. En realidad rehúye, no le gusta mucho que la gente lo abrume. Él quiere estar en el lugar disfrutándolo. Tan sólo de conocer a una persona y platicar dos o tres minutos te dice cómo es, cuál es su problema, casi casi como un vidente. Muchos lo saben, y amigos han recurrido siempre a él cuando tienen problemas profesionales, de la vocación extraviada. Ahí sí **Carlos** es muy crítico, nunca ha sido complaciente. Te dice la verdad para que no te hagas ilusiones. Si ve que tienes posibilidades te anima, te impulsa, pero si no, es implacable. Conmigo fue así también, aunque yo nunca tuve la presunción de ser escritor. Cuando yo estudiaba **Economía** lo molesté mucho con eso. Entonces él me mandó con **Rolando Cordera**. Platiqué con él y me di cuenta de que no tenía vocación de economista. Me fui a la **ENAH** y empecé a ayudarle a **Carlos** en sus investigaciones. Me metí a estudiar **Historia**.

Mi periodo favorito son los años veinte en **México** y en **Berlín**: esos años de la guerra o la preguerra es un periodo que me encanta: el arte, la cultura, la música.

A **Carlos** le fascina la historia de **México**, pero sobre todo la del siglo XIX mexicano.

Cuando lo conocí yo ya era activista. En el **CCH** me metí en grupos de izquierda, en grupos *gays*. Me acuerdo de la primera marcha *gay* en 1979, aunque la primera participación masiva fue el 2 de octubre de 1978, en el décimo aniversario del movimiento estudiantil. **Nancy Cárdenas** encabezaba un contingente. Yo no me enteré que había un contingente *gay*. Fui a la marcha porque soy de la generación post 68 y veníamos con esa mitología. Yo tenía como 18 años y quedé sorprendido de ver el contingente *gay*. Vi a **Nancy Cárdenas** y dije: "Ahí pertenezco." Cuando íbamos rumbo a la **Plaza de las Tres Culturas**, el contingente se fue haciendo más grande. Éramos ya como 200 personas. Cuando llegamos a la plaza, el maestro de ceremonias nos ofreció la bienvenida por el micrófono. La gente nos dio un recibimiento muy fraterno, emocionantísimo. No lo esperábamos porque aún había mucha homofobia. **Carlos** ha contribuido muchísimo a que eso cambie. Recuerdo que en las publicaciones del **Partido Comunista** fue el primero en tocar el tema, a través de entrevistas donde habló de feminismo y del movimiento *gay*. Desde ahí empezó a hablar de la homofobia. Él es quien más ha introducido ese término en **México**. También fue el primero en hablar de crímenes de odio por homofobia. Para **Carlos** la homofobia —un término que apenas se acuñó en los años setenta— es un termómetro que mide la tolerancia en nuestro país. Cuanto más se arraigue su uso más podremos medir el avance de la tolerancia social. El término *gay* también es muy reciente. Es parte de todo un proceso. La gente todavía no entiende qué es la homofobia. Si preguntas qué es el racismo tendrán una idea, pero si preguntas qué es homofobia, no es seguro que todos puedan responder. De ahí que hace falta una labor educativa. Yo creo que es más fuerte la homofobia que la misoginia, aunque están ligadas. El rechazo, sobre todo a los hombres homosexuales, está muy ligado a la misoginia: la homofobia se deriva de la misoginia, porque un hombre que asume el rol femenino es doblemente despreciado. Aunque **Carlos** se describe como un misógino feminista, yo creo que es más bien un coqueteo, porque siempre ha estado con las feministas, siempre está rodeado de mujeres, tiene muchas amigas… y se define como tímido, porque no le gusta hablar de sí mismo. Parecería paradójico, pero no le gusta llamar la atención.

Carlos posee una inteligencia notable, una memoria prodigiosa. Es muy generoso, aunque tímido y huraño. Apoya muchas causas. Aplica la inteligencia al sentido del humor y esa combinación puede ser espectacular. Su amistad es un placer y un privilegio. **(lep)**

DE CASA DE MONSI, EL METRO PORTALES Y EL CALIFORNIA DANCING CLUB A IZTAPALAPA

Metro Portales

En el Metro, los usuarios y las legiones que los usuarios contienen (cada persona engendrará un vagón) reciben la herencia de corrupción institucionalizada, devastación ecológica y supresión de los derechos básicos y, sin desviar la inercia del legado, lo vivifican a su manera. El "humanismo del apretujón".

LOS RITUALES DEL CAOS, 1995.

SISTEMA DE TRANSPORTE COLECTIVO METRO

El Metro de la Ciudad de México transporta cerca de cuatro millones de pasajeros al día. La palabra *Metro* es una contracción de *tren metropolitano*. Cada una de sus 11 líneas tiene un número y un color distintivo. La red del Metro tiene una longitud de vía de más de 200 mil km, a lo largo de unas 175 estaciones, de las cuales 106 son subterráneas, 53 superficiales y 16 en viaducto elevado.

El 19 de junio de 1967 se iniciaron las obras de la Línea 1, en avenida Chapultepec y Bucareli. El 20 de octubre de 1975 ocurrió un accidente que causó 27 muertos. En consecuencia, se implementó un sistema de piloto automático, puestos de mando central y semáforos para controlar la velocidad y posición de los trenes en todo el sistema. Además, se incluyó en cada tren un caja negra para registrar cualquier incidente.

> Desde siempre he visto al Distrito Federal no como ciudad, en el sentido de un organismo al que se pueda pertenecer y por el que se puede sentir orgullo, sino como Catálogo, Vitrina, Escaparate y Muestrario de librerías, cines y taquerías.
>
> *AUTOBIOGRAFÍA*, 1966.

DE CASA DE MONSI, EL METRO PORTALES Y EL CALIFORNIA DANCING CLUB A IZTAPALAPA

¿Cómo no ser pluralista si el viaje en Metro es lección de unidad en la diversidad? ¿Cómo no ser pluralista cuando se mantiene la identidad a empujones y por obra y gracia de los misterios de la demasía? Los prejuicios pasan a ser comentarios privados y la demografía toma el lugar de las tradiciones, y del pasado esto recordamos: había menos gente, y las minorías antiguas (en relación a las mayorías del presente) con tal de compensar su deficiencia numérica solían entretenerse fuera de su domicilio. Fue entonces, en la vida en la calle, cuando tuvo su auge la claustrofobia, decretada por la necesidad del aire libre, de lo que no era ni podía ser subterráneo, ni admitir la comparación del descenso a los infiernos. Luego vino el Metro, y puso de moda la agorafobia.

LA PASIÓN EN IZTAPALAPA, 2008.

Objetos perdidos del Metro

La Oficina de Objetos Extraviados del Metro resguarda las pertenencias que los usuarios han perdido en alguna de las 175 estaciones.

Ubicada en el entronque de la estación Candelaria de las líneas 1 y 4, conserva más de tres mil objetos, entre los que se encuentran desde un pasaporte siuzo hasta la prótesis de una mano. Según las estadísticas, los turistas que más frecuentemente pierden cosas son los de Estados Unidos, Suiza, Noruega, Cuba y Argentina.

Esta oficina se creó en 1980 y presta un servicio gratuito. Cada artículo encontrado se resguarda con un oficio que describe el sitio y el lugar en el que fue localizado. Según el jefe de la oficina, 95% de los objetos se encuentran sobre las vías del tren y el resto en vagones y otros puntos.

Iztapalapa

La Pasión en Iztapalapa es una obligación urbana muy dependiente de las cámaras y micrófonos, de la tecnología al servicio de los estremecimientos del alma.

LA PASIÓN EN IZTAPALAPA, 2008.

LA CONMEMORACIÓN DE LA PASIÓN DE CRISTO EN IZTAPALAPA ES EL ÚLTIMO, GENUINO, AVASALLADOR TEATRO DE MASAS QUE QUEDA EN LA REPÚBLICA MEXICANA.

LA PASIÓN EN IZTAPALAPA, 2008.

CENTRAL DE ABASTO
Eje 5 Sur Leyes de Reforma, Eje 6 Sur Trabajadoras Sociales, Eje 5 Ote. Rojo Gómez y el Eje 4 Ote. Canal Río Churubusco.
Situada al oriente de la Ciudad de México, la Central de Abasto es el centro de distribución de productos alimentarios más grande de México y cubre una extensión aproximada de 305 hectáreas. Después de la Bolsa Mexicana de Valores, es el segundo centro comercial más importante del país. Desde aquí se alimentan muchos de los mercados de la Ciudad de México y de otros estados. Hasta principios del siglo XX, el principal centro mayorista del país era el Mercado de La Merced. El arquitecto Abraham Zabludovsky ideó la

El segundo mayor centro comercial del país, por aquí pasa 30% de la producción total de frutas y verduras y anualmente se mueven más de ocho mil millones de dólares. La Central se asienta sobre predios que antiguamente estaban destinados a chinampas.

Central de Abasto como un polígono hexagonal, cuyo eje principal mide dos mil 250 metros y en cada extremo se localizan las entradas y salidas. La Central de Abasto fue inaugurada en 1982, cuenta con más de dos mil bodegas y alrededor de mil 500 locales. Tiene capacidad para dos mil toneladas de basura y estacionamiento para más de tres mil vehículos.

» Los mercados ambulantes venden de todo, incluso lo que no buscas *made in China*.

La Candelaria de los Patos es nuestra Corte de los Milagros. Abrumada por una policía sabedora de que tanto peca el que mata a la vaca como la vaca, desdeñada por la literatura, ignorada por el cine cuya idea del lumpemproletariado no ha ido más allá de un diálogo entre una borrachita y un vendedor de tacos, la Candelaria, ese México que no se fue, que se llevaron, sigue siendo en la geografía mítica del hampa, el lugar adonde acuden, cuando advierten ya próxima su muerte, los *piñeros*, los *cristaleros*, las *cruzadoras*.

La Candelaria es el mundo nacido más allá de la esperanza, el umbral del desafío, la carpa donde Conde Boby retaba al universo; es lo que trasciende la confabulación del Sistema Imperante que premia con gratitud a quien se portó como es debido, y con el poder a quien está dispuesto a derramar su gratitud; que inaugura escaleras sociales donde el primer escaño posee siempre un admirable poder retentivo, una fascinación que arraiga y hechiza a la inmensa mayoría.

DÍAS DE GUARDAR, 1970.

CANDELARIA DE LOS PATOS

Debe su nombre a la cantidad de aves que se reunían ahí cuando ese sitio era parte de la riviera del Lago de Texcoco. Hoy, el panorama es muy distinto, a un costado se encuentran Palacio Nacional y el Palacio Legislativo, sin embargo, a través del tiempo gozó de no muy buena fama, como lo demuestran estas palabras de 1869 tomadas de *Una visita a la Candelaria de los Patos*, de Ignacio Altamirano: "El miércoles, guiado por un noble y caritativo amigo nuestro, hicimos una visita a uno de los barrios más espantosos de la ciudad. Vimos de cerca a los que legítimamente pueden llamarse los Miserables de México… Está situado al extremo sureste de la opulenta población, y colinda ya con esos pantanos infectos, cuyas plantas palustres, meciéndose tristemente a impulsos de las brisas del valle, nos causaron una sensación de tedio difícil de expresar. Aquel aspecto de desolación nos trajo a la memoria las tristes palabras que los historiadores atribuyen a los embajadores de Huitzilíhuitl, cuando fueron a pedir a la hija del señor de Atzcapotzalco para casarla con su soberano: 'Ten lástima —dijeron al orgulloso Tozozomoc— de aquel tu siervo el rey de México, metido entre espadañas y carrizales espesos'."

JOSÉ MARÍA PÉREZ GAY
DEL ÁNGEL A PEREDÉLKINO: TRAVESÍAS DE UN COLECCIONISTA INEVITABLE

Conocí a **Carlos Monsiváis** un 5 de marzo de 1962. Yo tenía entonces 17 o 18 años. Recuerdo la fecha porque salía de las oficinas de **Max Aub**, cuya secretaria era **Miriam Kaiser**. Yo tomaba clases de alemán con su mamá, **Paula Kaiser**. Me encontré con **Carlos** en esos momentos. Él salía de **Radio UNAM**, donde tenía un programa que fue después legendario y casi mítico sobre cine, jazz y cantidad de cosas. Me pareció un individuo muy extraño, de una inteligencia casi sobrenatural. En el caso de **Carlos**, la memoria no es solamente recordar. Es excavar los datos, los acontecimientos que se necesitan y la increíble capacidad de asociarlos para que no queden ahí, solamente como cuerpos que se sacaron de la tierra.

Me fui 15 años a **Alemania** pero antes de regresar, en 1971, me reencontré con **Carlos Monsiváis**, **José Emilio Pacheco**, **David Huerta** y creo que **Héctor Manjarrez**, en el departamento de **Eugenia Huerta**. Yo iba con **Héctor Aguilar Camín**. Planeaban una nueva etapa del suplemento *La Cultura en México*. Entonces **Carlos** me propuso que tradujera textos del alemán. Para mí ese suplemento que se publicaba en la revista **Siempre!** poco a poco se transformó en un cordón umbilical con **México**. Empecé a tratar a **Carlos** desde entonces, pero la verdadera amistad, la de día a día, se dio desde hace 15 años, gracias a **Alexander Graham Bell**.

Magia a la Kiev

Hay una historia que para mí retrata perfectamente quién es **Carlos Monsiváis**. He hablado ya de su memoria. Pero hay en él otro personaje muy extraño: el coleccionista. Seguramente recordarás el ensayo de **Walter Benjamin** sobre **Eduard Fuchs** que se titula justamente así: *El coleccionista*. Esto tiene que ver con un acto mágico en el cual tuve la suerte de participar. En 1991 **Carlos** y yo viajamos juntos a **Moscú**, tres semanas antes del primer intento de golpe de Estado de **Mijail Gorbachov**. La **Unión Soviética**, sobre todo **Moscú**, era un paisaje devastado. Entramos en uno de esos almacenes que eran el equivalente del **Sears Roebuck** estatal y las vitrinas estaban vacías; los estantes estaban vacíos. Ahí, al fondo, había una pared de corcho con miles de papelitos. **Carlos** me dijo: "Mira, volvieron al trueque." Ya en el aeropuerto de México me anunció:

—Fíjate que en el **Bazar del Ángel** encontré un volumen de **Eduard Fuchs**, publicado por una editorial alemana, sobre la historia de **la sexualidad y el erotismo** en **Occidente**.

—**Carlos**, eso no existe. Los **nazis** quemaron el acervo completo de **Fuchs**. Era una de las colecciones más impresionantes de dibujos y grabados y, si no mal recuerdo, ese libro sobre la sexualidad y el erotismo lo publicó **Albert Langen**.

—Ahí estaba. Lo compré y se lo regalé a **Toledo**. Lo mandé a **Oaxaca** —respondió.

Yo sé que **Carlos** no miente, así que le creí. Cuando llegamos a **Moscú** ya era muy noche. En ese entonces era presidente **Carlos Salinas de Gortari**, quien viajaba a la **URSS** con una delegación de intelectuales y de políticos mexicanos.

—A ti y a mí nos invita la **Asociación de Escritores Soviéticos** —me dijo **Carlos**. La **Asociación** estaba al borde de la quiebra, a punto de extinguirse. Estaba reducida a ser prácticamente una isla, en **Moscú** y en otro lugar llamado **Peredélkino**, como a 70 kilómetros de la capital. Llegamos muy de noche a **Peredélkino** y creí ver en las sombras lagos y un bosque muy cerrado. Nos hospedaron en una dacha que era una especie de hotel. Yo tenía el cuarto número ocho y **Carlos** el doce. Llegamos rendidos. Pensé que al día siguiente algún representante de la agónica **Asociación de Escritores Soviéticos** pasaría a recogernos. Nos quedamos esperando. No sabíamos dónde estábamos. Intenté hablar francés: nadie respondió. Pero alguien oyó que pregunté —porque **Carlos** no hablaba—: **"Excuse me. Where is the breakfast room?"** No me contestaron pero me hicieron una seña hacia una puerta. Entramos en un restaurante amplio —¡y esto es rigurosamente cierto!— donde la persona más joven tenía 90 años. ¿Sabes a dónde nos habían mandado? ¡Al **Asilo de Escritores Ancianos**! Ya te imaginarás las bromas de **Monsiváis**. Empezó a identificar a cada una de las personas que estaban ahí con personajes de **México**.

—Mira: ahí va **Efraín Huerta**. ¿Ya viste quién está allí atrás?: **Carlos Pellicer**.

Y, en efecto, eran muy parecidos. Como todo estaba escrito en cirílico acertamos a identificar la palabra **"Kiev"** y pedimos unos huevos *a la Kiev*. Cuando metimos el cuchillo lo único que salió fue grasa. Ahí estaban en el desastre. Era el final de la **Unión Soviética**.

Seguimos esperando a que alguien fuera por nosotros, pero como el guía preguntó por unos mexicanos y yo había hablado en excelente inglés, le dijeron que ahí sólo estaban hospedados unos ingleses. Y mientras nosotros sentados, literalmente esperando a **Godot**. El guía volvió tres horas después. Hablaba muy buen español.

—Esto es muy raro —le dije a **Carlos**, porque como ni él ni yo somos expedicionarios, resultaba claro que no íbamos a internarnos en el denso bosque que nos rodeaba. ¿A qué te suena **Peredélkino**?

—No sé ni me importa.

—A mí me suena, es un nombre relacionado con la literatura rusa —insistí. Entonces recordé que una novela de **John Le Carré** transcurría en **Peredélkino** y me acordé también de que era el pueblo de **Boris Pasternak**. No me dejará mentir **Monsiváis**: acerté.

El guía nos propuso un viaje de nueve horas hasta la frontera con **China**, al lugar donde primero desterraron a **Trotsky** antes de que acabara en **Coyoacán**. Era como viajar de **México** a **Lima** o **Buenos Aires**. No fuimos. En vez de eso nos llevaron a conocer el pueblo de **Pasternak**. Nuestro guía era un escritor ruso que conocía bien la literatura latinoamericana y los lugares literarios más importantes de **Moscú**. En un carro negro y desvencijado continuamos de **Peredélkino** a la capital soviética, mientras **Monsiváis** me decía:

—Claro, nosotros no estamos en el **Oktyabrskaya** —el gran hotel donde se alojaban **Salinas** y todos nuestros colegas.

Bulgakov en la colonia Doctores

Para mí ese viaje es el emblema de **Monsiváis**. Cuando él está presente empiezan a suceder una serie de cosas mágicas que, en ese momento, yo todavía no acertaba a creer. La primera fue el repaso que le puso al pobre guía, quien nos llevó a los lugares emblemáticos de **Moscú**. Empezó a hablar de una novela que creyó que nosotros no habíamos leído: *El maestro y Margarita*, de **Bulgakov**. Dijo que el gran aquelarre de la novela transcurría en una calle, cuyo nombre no recuerdo. Implacable, **Carlos** lo corrigió:

—No. En esa calle no. Fue en esta otra.

No exagero ni estoy haciendo parodia. Te cuento sólo la verdad.

—¿Usted ha estado en **Moscú**? —le preguntó el guía a **Monsiváis**.

—No, pero es conocido que el lugar al que usted se refiere está junto a la casa de **Gorky**.

"¿Y este monstruo quién es?", se preguntó el guía que escuchó a **Monsiváis** decirle que la novela de **Bulgakov** estaba traducida al español, por una editorial española —**Alianza Editorial**—, y hasta recordaba el nombre de la traductora. Esto despertó el entusiasmo del guía, quien nos llevó a un departamento que hoy es un santuario; una especie de mito secreto de muchos escritores y lectores que llevan a cabo una especie de peregrinación a este lugar en una de las calles principales de **Moscú**. Imagínate un edificio de departamentos como de la **colonia de los Doctores**. En la parte de atrás subimos por unas escaleras hasta un cuarto o quinto piso. La escalera estaba tapizada de *graffitis* en distintos idiomas. Los pocos que recuerdo haber leído en español eran homenajes casi religiosos. ¡Era el departamento de **Bulgakov**! Estábamos en un templo del saber hermético, pero yo todavía me preguntaba a dónde nos dirigíamos.

—Usted suba —me dijo **Monsiváis** y tuve la impresión de que él ya había estado ahí. Todo el tiempo tuve la impresión de que **Carlos Monsiváis Aceves** ya había estado ahí. Subimos a un departamento completamente normal, pero era un sitio de culto. **Monsiváis** ya sabía que ese departamento existía en alguna parte de **Moscú** y como por arte de magia ahí estábamos.

El guía nos comentó que en esa época estaban saliendo a la luz gran cantidad de libros que permanecieron ocultos hasta 1985, antes de la liberación, de la *glasnost*: la *transparencia* de **Gorbachov**. Entramos en el primer anticuario en la calle Trebunskaya y, así como te lo digo, **Monsiváis** exclamó:

—Mira: ¡Eduard Fuchs!

Era la edición de 1909. Mi relato comenzó en el **Bazar del Ángel**, en la **Zona Rosa de la Ciudad de México**, y ahora estábamos en **Moscú** frente a la obra de **Fuchs**. ¿Sabes cuánto costó? 110 dólares. ¡Nada! En la edición de 1909 de **Albert Langen**. La vida quiso ser justa conmigo ante mi rendida admiración por el acto de magia que yo había presenciado: fuimos a un segundo **buchinist**, que es la palabra en ruso para anticuario —me imagino que vendrá del alemán— ¿y qué me encuentro?: ¡tres volúmenes de las obras de **Fuchs**! Siempre que veo esos libros de **Fuchs** —que acabo de mandar restaurar— inevitablemente me acuerdo de **Monsiváis**: el primero es **Historia ilustrada de la sensualidad y el erotismo**; el segundo se titula **La época galante**, y el tercero **La época de la burguesía**, Albert Langen, 1909. El texto es marxista, flojo, pero los grabados y las ilustraciones son deliciosos. Es uno de los pocos libros que conozco en que el grabado supera al texto que es casi innecesario.

Fuera de perspectiva

—Vamos a la embajada de **México** —sugirió **Carlos**. El embajador en esa época era **Carlos Tello** y la consejera cultural era la hija del pintor **Ricardo Martínez**. Ella nos advirtió que si queríamos ir a Leningrado tendríamos que hacerlo bajo nuestro propio riesgo… y precio.

—Las relaciones entre la **Asociación de Escritores de Moscú** y la de **Leningrado** están rotas

—nos dijo la joven **Martínez**.

—Oye, **Monsiváis**: ¿usted cree que vale la pena ir? —pregunté.

—No diga tonterías. Hay que ir a ver el **Hermitage**.

Llegamos a **Leningrado**. Nos habían dicho que tomáramos el autobús 72 que circula por toda la perspectiva **Nievsky**, hasta el final donde hay una cúpula dorada. Tomamos el autobús 72, se da la vuelta, ¡y nos saca de la perspectiva **Nievsky**! Nos bajamos y caminamos durante una hora, abrumados por una **Unión Soviética** que se derrumbaba, en que salían personas de las alcantarillas para decirte que te vendían cualquier cosa. Ahí es donde sentimos —y **Monsiváis** me lo hizo ver— que las cosas se estaban desplomando. Durante todo el trayecto a pie, **Carlos** me dio una lección sobre la perspectiva **Nievsky**: cuándo se había fundado, quién la había construido, hasta que le dije:

—¡Deja de hablar porque nos vamos a cansar!

En eso le sale un señor quien, en inglés, le preguntó:

—¿Se interesaría usted en unos cuadros? ¿Le interesa la pintura?

—*More or less* —respondió **Carlos** en inglés.

El hombre salió de la nada, como si hubiera reconocido a **Monsiváis** y supiera de su afición por el arte. Él es un imán para todo ese tipo de cosas. De nuevo, fui testigo de la magia.

Cuando por fin llegamos al **Hermitage**, **Carlos** sabía casi todas las salas, de nuevo, como si fuera cada semana. No exagero. No tengo idea de a qué horas aprende todo lo que sabe o cómo hace todo lo que hace. Es la gran incógnita. ¡He llegado a decir como broma que creo que es el único ser humano vivo que tiene el don de la ubicuidad! Aunque yo estaba ahí, conocí **Leningrado** a través de las palabras de **Carlos**. Su entusiasmo y conocimiento son contagiosos. Escucharlo se vuelve una adicción.

El trueno que anuncia el relámpago

De regreso a **Moscú** fuimos al departamento de **Eisenstein**. Lo cuidaba un viejito milenario. La televisión japonesa estaba filmando un programa, así que tuvimos que esperar, ante la impaciencia proverbial de **Carlos**. Por fin entramos. Nos recibe el viejito y nos dice, traducido del ruso al español:

—Para mí este es un día de suerte. Es un honor que dos de los países que **Einsenstein** tanto amó, **México** y **Japón**, se hayan dado cita aquí hoy.

Yo volteé a ver unos retratos. Entre ellos, el de tres militares mexicanos... nada mal parecidos: ¡ésa fue la señal! Pero en la esquina había un palo de lluvia. El viejito creía que se trataba de un objeto sagrado, de un valor inestimable.

—Dígale al señor que eso se compra en el mercado por diez pesos —**Monsiváis** instruyó al guía.

El viejito quedó impactado y tristísimo pero nos enseñó los diarios de **Eisenstein**. Aunque ninguno de nosotros leía cirílico era claro que al momento de escribir le vino un infarto, porque estaba la rasgadura de la pluma hacia abajo. Y después, ya como concesión especial, vimos los dibujos eróticos de **Einsenstein**, que son una maravilla. Yo que creía que habíamos visto una cosa muy especial, irrepetible. En la tarde salimos a otro anticuario, ¡y ahí estaban los dibujos eróticos de **Eisenstein**!, en una copia buenísima que **Carlos** adquirió. Todo esto va perfilando al coleccionista: un individuo que está siempre pendiente de qué objeto es el que le habla, porque los objetos encuentran al coleccionista y no al revés. Es un trance permanente. **Benjamin** contaba que un amigo, coleccionista irremediable, alzó de la calle el boleto de un tranvía.

—Mira, este es un boleto de 1913 —le dijo.

—¿Y eso qué?

—Seguramente es del tranvía donde viajó un fulano que conocí, lo que llevó al golpe de Estado...

Ésa es la verdadera anécdota que relata al coleccionista. Yo no he hecho más que narrarte a un coleccionista inevitable, obseso, que es **Carlos Monsiváis**. Padece esa enfermedad. Admiro su capacidad de conectar eventos, datos, situaciones, pero también su verticalidad moral. Es muy admirable en él. No hace concesiones de tipo moral. Es lo más liberal que conozco, pero hay un límite y ese límite es infranqueable. En ese sentido hay un innegable pasado protestante. También admiro su obsesión por el lenguaje. Es otro de los efectos del coleccionista. Que yo conozca, la sección **Por mi madre**, **bohemios**, es lo más parecido que he leído a **Die Fackel (La Antorcha)**, la revista de **Karl Kraus**, que publicó de 1901 a 1936, donde no hacía sino repasar las grandes tonterías de los políticos, subrayando y comentando, pero no con el humor de **Carlos**. **Kraus** decía: "En el momento en que el lenguaje se degrada, se degrada todo. Y en Viena ha comenzado el fin del mundo." Contra la magia negra de los periódicos lo único que nos queda es glosar la estupidez y eso es lo que hace **Monsiváis**, con un sabor siempre agridulce y con un conocimiento enciclopédico de eso mismo.

Un coleccionista es siempre un individuo para quien los objetos nunca han dicho la última palabra. Un coleccionista nunca acaba de coleccionar. Es un historiador en permanente estado de sed. En ese sentido, el **Museo del Estanquillo** es el reflejo fiel de la memoria de **Carlos**. El coleccionismo le da la posibilidad de moverse en la historia con la misma agilidad con que se mueve en la literatura. Cuando uno lee los ensayos de **Monsiváis** hay en ellos una colección de anécdotas. Si tomas **Días de guardar**, **Amor perdido**, se ve la historia de **México** a través de una *asamblea* de anécdotas, y eso está reproducido en el **Museo del Estanquillo**.

Nosotros hemos echado por la borda, de una manera muy absurda, el valor de la anécdota que, decía **Benjamin**, es el trueno que anuncia el relámpago. (**lep**)

DE CASA DE MONSI, EL METRO PORTALES Y EL CALIFORNIA DANCING CLUB A IZTAPALAPA

El Aeropuerto Internacional de la Ciudad de México "Benito Juárez" se construyó al norte del antiguo Aeródromo Militar de Balbuena. Hoy es el aeropuerto más importante de América Latina. Se encuentra entre los 50 aeropuertos más grandes y congestionados del mundo pues cada año da servicio a más de 24 millones de pasajeros. Desde 1998 se llama Aeropuerto Internacional Benito Juárez. El primer aterrizaje se efectuó el 5 de noviembre de 1928. El servicio regular se inició el 1 de marzo de 1929. Se inauguró oficialmente el 15 de mayo de 1931. Su primera ruta internacional fue al Aeropuerto Internacional de Los Ángeles, en un vuelo de Mexicana de Aviación.

CARLOS FUENTES
PAUSA EUROPEA

1. Los incidentes graciosos con **Monsiváis** son muchos, porque él es como **Harold Lloyd**. Un día íbamos caminando por el **Boulevard Saint Michel**, conversando, y de repente volteé y no estaba **Monsiváis**, ¿por qué?, porque se había caído en una atarjea. A **Monsiváis** le pasan cosas así, de comedia de **Hal Roach**, que no le pasan a nadie más. Pero lo que recordábamos es que un fin de semana **Nathalie Delon** nos invitó a su casa de campo cerca de **París**. **Monsiváis** estaba viviendo conmigo y lo llevé. Llegamos y **Nathalie** nos distribuyó las recámaras y le dijo a **Monsiváis** que él dormiría en la recámara habitual de **Alain Delon**, pero le dijo: "Mire usted, señor **Monsiváis**, por favor cuando esté usted en la recámara apague las luces, baje las persianas, nunca tenga una luz encendida, que no vean su silueta cuando usted se desviste o se acuesta, porque todos estos de la mafia yugoslava andan detrás de **Alain**, quieren matarlo y pueden disparar si ven una silueta y matarlo a usted." Yo le dije a **Carlos**: "Oye, pero es que el colmo absoluto de tu existencia es que te maten porque te hayan confundido con **Alain Delon**; esto es demasiado, tú que pareces hijo de **Lumumba** y de **Eusebia Cosme**, ¿verdad?, y entonces va a llegar la policía, te va a ver y van a creer que **Delon** tenía pacto con el demonio, un pacto para aparecer como lo vemos en las pantallas, pero al morir revirtió a su imagen original: **Delon** era un **Dorian Grey**, cuya verdadera efigie era la de **Monsiváis**." Una clasificación norteamericana es la de **WASP**, tú sabes: **White Anglo Saxon Protestant**. Yo a **Monsi** lo llamo el único **BAST**: **Black Aztec Sexual Protestant**.

2. Monsiváis fue el motivo remoto y recóndito del suicidio o la muerte o el asesinato de **Giangiacomo Feltrinelli**. [...] Porque estábamos en **Milán** en la casa de los **Feltrinelli** en **Via Andegari** y tuvimos que separarnos. Yo regresaba a **París**, **Carlos** se iba a **Roma**, y yo debía salir antes que él. Le dije que por favor cerrara muy bien el apartamento, saliera por el patio, cerrara el portón y tomara su taxi para ir a la estación y viajar a **Roma**. Pero era el **Día de la República** en **Italia**, un día de fiesta nacional, y cuando salió **Monsiváis** el portón principal estaba cerrado y el portero se había ido. Llegó el taxi, **Monsiváis**, a través del buzón de las cartas, le hizo señas al chofer y trató de explicarle en su mal italiano que no podía salir, que estaba encerrado. Entonces el taxista comenzó a agitar las manos al estilo itálico y a gritar: "Pero cómo es posible, usted ha pedido un taxi, es un furbo, se burla de mí." El chofer llamó a la policía y el agente también se excitó y empezó a gritar: "¿Por qué está usted allí y no puede salir? ¿Quién es usted? ¿De dónde es? ¿En dónde está usted?", y él dijo que era mexicano y habitaba el apartamento de **Feltrinelli**. "Ah —exclamaron los gendarmes—, **México**, **Feltrinelli**, la guerrilla latinoamericana, usted es un guerrillero, un subvertidor del orden público, un discípulo de **Que Güevara**." Para esto, pasaba un grupo de jóvenes comunistas que venían de la celebración del **Día de la República**, vieron a la policía y a un extraño hombre asomándose por un buzón, pidieron explicaciones, las obtuvieron y en el acto organizaron allí mismo una manifestación a favor de los presos políticos del **Brasil**. Llegaron periodistas, fotógrafos, tomaron fotos de **Monsiváis** a través del buzón, hubo discursos y tumultos, hasta que llegó el portero y liberó a **Carlos**. La propia policía condujo a nuestro cuate a la estación, instándole a que se reportara cada 24 horas durante el resto de su visita a **Italia**. Y la pobre **Inge Feltrinelli**, cuyo marido estaba escondido en **Austria**, huyendo de la policía italiana, me dijo: "Has destruido mi vida. El escándalo ha aparecido en todos los periódicos. Desde ahora mis trabajadores no pueden entrar a la oficina de la editorial si no muestran su carta de identidad. Mis amigos extranjeros no pueden visitarme si no enseñan su pasaporte. Y todo por ese monstruoso revolucionario azteca que has introducido en mis dominios." El paso de **Monsiváis** por **Milán** me costó la ruptura de mis contratos con la casa **Feltrinelli**. (Tomado de *Perspectivas mexicanas desde París: un diálogo con Carlos Fuentes*, de James R. Fortson.)

PEÑÓN DE LOS BAÑOS
Calle Quetzalcóatl y Circuito Interior.

El Peñón de los Baños es una formación rocosa situada al noreste de la Ciudad de México. Antes de la Conquista era un islote en el Lago de Texcoco, donde existían manantiales de aguas termales que supuesamente tenían propiedades curativas.

En el siglo XIX, naturalistas como Andrés Manuel del Río y Alexander von Humboldt analizaron la composición de sus aguas. La marquesa Calderón de la Barca visitó el lugar, en 1841, y escribió: "Fuimos a pasear al Peñón… donde hay unos baños que se consideran un remedio universal… No dejamos de pensar qué fortuna podría hacer con estos baños un yanqui emprendedor si fuera su dueño, edificara aquí un hotel … y embelleciera este rústico templo de agua caliente."

Hoy, ubicado a pocos metros del Aeropuerto Internacional de la Ciudad de México, se recrea aquí la batalla en 5 de mayo de 1862, en que el ejército mexicano derrotó al francés, en Puebla.

PALACIO DE LOS DEPORTES
Río Churubusco y Añil.
Ubicado en el Distrito Federal, fue construido para los Juegos Olímpicos de 1968 celebrados en la capital de México. El equipo de arquitectos que concurrió a concurso estaba integrado por Félix Candela, Enrique Castañeda y Antonio Peirí.

Se solicitaba un campo de juego, con capacidad para 25 mil espectadores, de 80 m de diámetro y altura mínima en el centro de 40 m. La planta es un cuadrángulo esférico con una luz de 132 m en la dirección más corta y de 190 según las diagonales. Los accesos para el público se disponen a

distintos niveles para evitar cruces de circulaciones. La cubierta es una gran cúpula esférica subdividida por dos sistemas ortogonales de once arcos de acero que apoyan en muros de ladrillo con arbotantes de hormigón triangulados en todas direcciones para rigidizar el conjunto.

> **Las fuentes primordiales de mi infancia fueron la mitología griega y la literatura policial.**
>
> *AUTOBIOGRAFÍA*, 1966.

CENTRO HISTÓRICO

EL CENTRO, DEFINICIÓN VOLUNTARIA E INVOLUNTARIA DE LO CAPITALINO, ALMACÉN DE LAS NOSTALGIAS PREMATURAS Y PÓSTUMAS, DEPÓSITO VIVENCIAL DEL PAÍS CENTRALISTA.

LETRAS LIBRES, AGOSTO DE 2002.

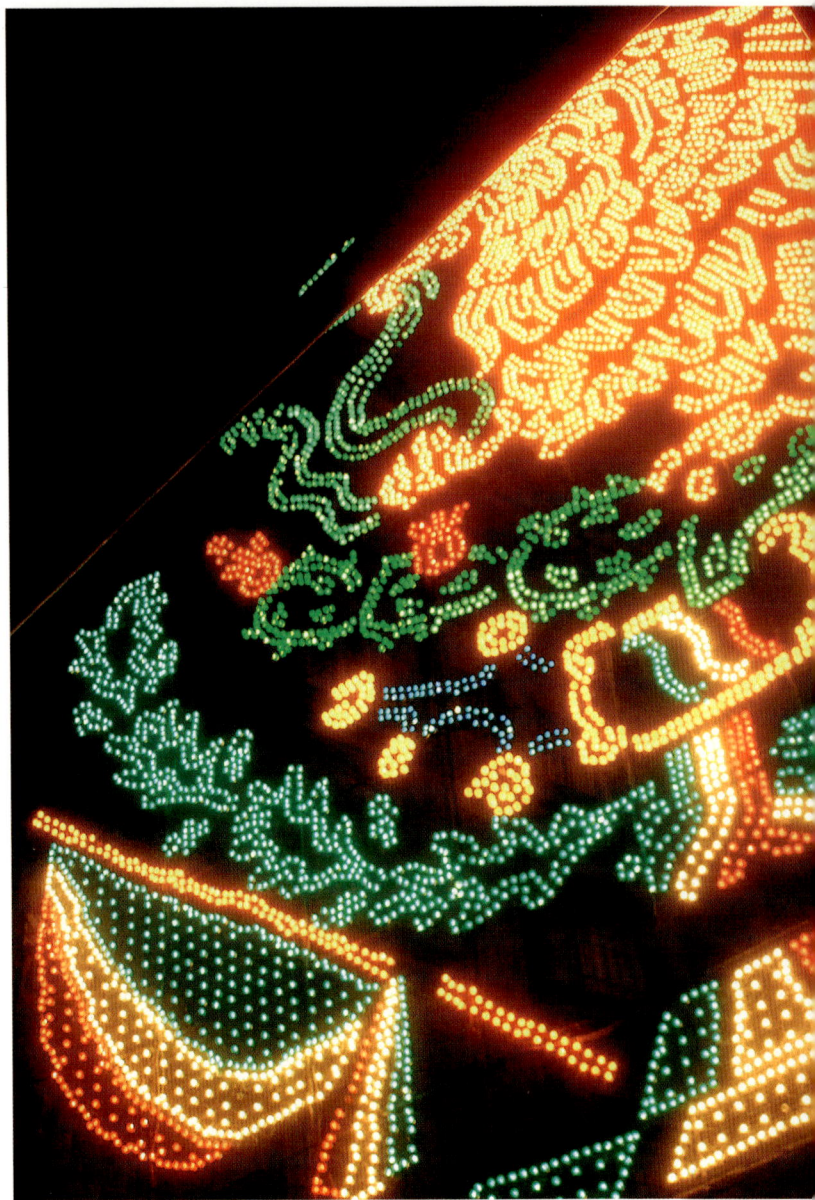

Antes del adjetivo Histórico, al Centro lo determinó la conjunción de poderes: allí se hallaban en el Palacio Nacional, el recinto del mando y la fuente de la identidad civil; la Catedral metropolitana, el recinto de las creencias y la fuente primera de la identidad religiosa y del arte virreinal; la alcaldía o el departamento central, la sede del gobierno capitalino y de la burocracia que aspiraba a disolverse en la eternidad... y, presidiéndolo todo, la Plaza Mayor, la Plaza de la Constitución o el Zócalo, el ágora de los paseos y las concentraciones políticas, el espacio simbólico y muy real de donde las multitudes han salido regularmente a fundar el resto de la ciudad y del valle del Anáhuac, con sus colonias, unidades habitacionales y ciudades-dormitorio.

Las formas y los contenidos del Centro Histórico —religiosos, ancestrales, culturales, emotivos y a fin de cuentas democráticos o comunitarios— son, junto a las leyes y una selección crítica de la historia, las tradiciones y las costumbres, el patrimonio nacional por excelencia.

Al país lo ha definido la zona a fin de cuentas minúscula donde hasta cierto año casi todo ha sucedido o casi todo se ha bosquejado, la entronización de la fe, la creación de obras maestras, las rebeliones, las apoteosis de caudillos y líderes, el desfile de los revolucionarios con fusiles y cananas, las tomas de posesión de los Presidentes, el desenvolvimiento del comercio, la floración de los escenarios libidinosos (el sexo antes y después de los sermones), los *tedeums*, las reuniones literarias, la convivencia de la Respetabilidad y de la Ausencia de Respetabilidad, las marchas del infinito de las causas y protestas, las insurrecciones y resurrecciones del pueblo. Si algo ha caracterizado históricamente a la capital ha sido el Centro, eje conspicuo del desmadre y el orden, de las tradiciones y las innovaciones, de la metamorfosis de lo viejo y lo nuevo en un microcosmos sin edad.

LETRAS LIBRES, AGOSTO DE 2002.

» La estación del Metro Pino Suárez, albergue de comerciantes y algo más.

Decenas de miles en las calles, en el transporte, en los almacenes, en los estadios, en las escasas festividades, en las carreteras, en los aeropuertos, en los supermercados. Las muchedumbres se diseminan en el país, él se descuidó y al volver dos semanas después al erial que inspiraba su melancolía ya había crecido allí otra ciudad de un millón de habitantes. Pronto y numéricamente, ¿qué manifestación compite con el golpe visual de la estación Pino Suárez?

NEXOS, ENERO DE 1988.

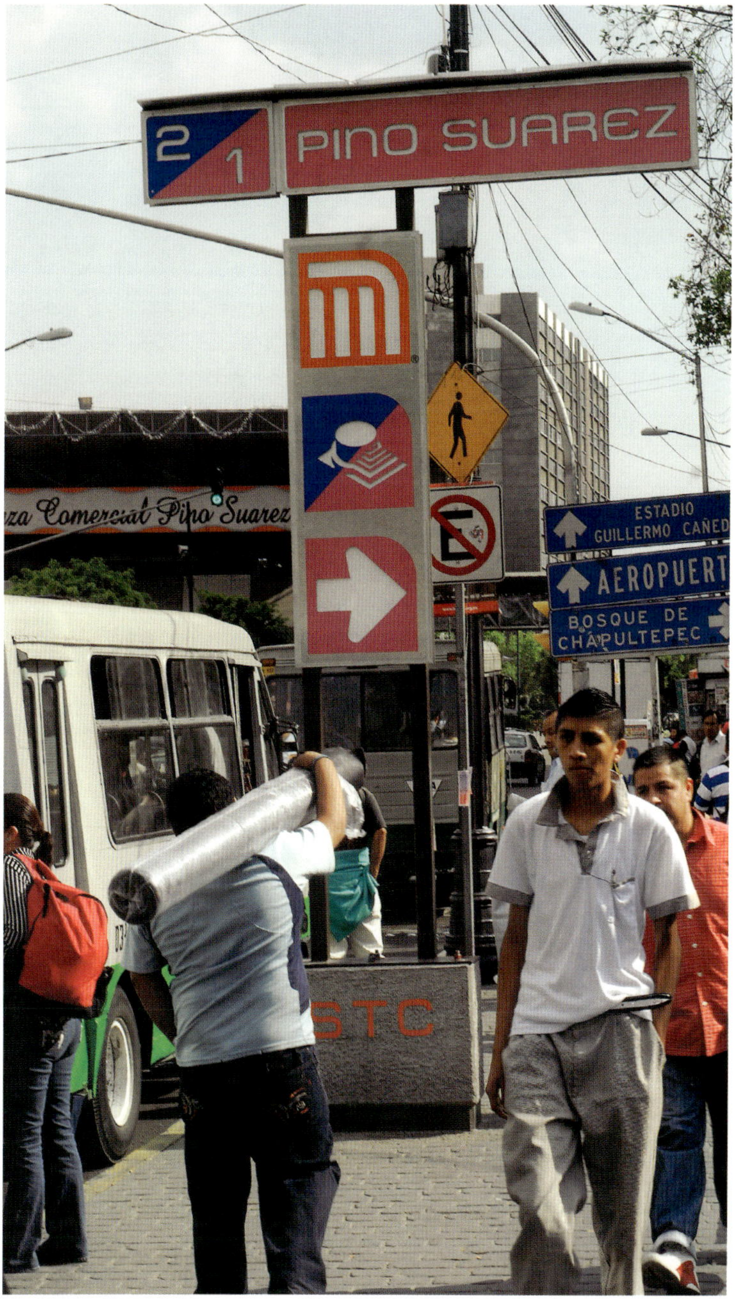

En el Centro, nada ha sido suficientemente viejo ni convincentemente nuevo, y la noción de aventura de sus visitantes depende de lo que pasó la noche anterior en el antro, y el sentido de arraigo de sus habitantes se arregla según el deterioro de las viviendas que son, en sí mismas, proyecto de fuga. En el Centro se dio, antes que en ningún otro sitio, el canje del nacionalismo por el folclor urbano, y allí la densidad histórica es tan extrema que, cosa rara en la ciudad cuyo principio regenerativo es el arrasamiento, son demasiados lo sitios y las edificaciones que se conservan y remiten a su origen, no por manía evocativa, sino porque cada casa vieja es la memoria de todas la ruinas habitadas, cada edificio colonial es la suma de la belleza preservada y las calles desbordan fantasmas (a ellos también los asaltan)...

LETRAS LIBRES, AGOSTO DE 2002.

MUSEO DE LA CIUDAD DE MÉXICO
Pino Suárez 30.

Ubicado en lo que antiguamente fue el Palacio de los Condes de Santiago de Calimaya, el actual Museo de la Ciudad de México fue la casa de varias familias novohispanas. Los orígenes del palacio se remontan al siglo XVI, cuando Hernán Cortés repartió los solares más cercanos al Templo Mayor entre sus colaboradores, y es posible que su construcción se haya iniciado en el siglo XVII. Pero no fue sino hasta 1777 que el arquitecto Francisco Antonio Guerrero y Torres, último representante del barroco novohispano, se hizo cargo de su remodelación. A fines del siglo XIX, el palacio quedó dentro del área comercial del Centro y la importancia del antiguo edificio no fue reconocida sino hasta 1931, cuando se le declaró patrimonio nacional. En 1960 se decretó que el inmueble se convirtiera en la sede del Museo de la Ciudad de México. Inaugurado en 1964, cayó en desuso y en 1997 se reinstaló como un museo donde están representados el pasado, presente y futuro de la ciudad.

ÁNGELES GONZÁLEZ GAMIO
DE GAMIO AL DUQUE DE OTRANTO

Conocí a **Carlos Monsiváis** en 1987, cuando lo busqué para entregarle mi primer libro, que fue la biografía de mi abuelo, **Manuel Gamio**. **Monsiváis** es un hombre de pocas palabras, directo, maravillosamente irónico. En esa época poca gente sabía que yo me dedicaba al periodismo y conocían más a mi hermana quien era delegada. Entonces **Monsiváis** me dijo: "Ay, ustedes ya están como las **Loaeza**, que cada día sale una nueva." Después le pedí colaboraciones para la revista *Blanco Móvil* que hacía **Eduardo Mosches**, para un número dedicado al **Centro Histórico**. La presentamos en un lugar que ya no existe pero se llamaba **Ciao, Bella!** en la calle de **Gante**. Todo el mundo me había advertido que **Monsiváis** no iba a llegar, pero sí llegó y estuvo genial. A mí nunca me ha fallado y por eso le estoy muy agradecida.

Luego, cuando inicié un proyecto al frente del **Consejo de la Crónica** lo busqué y le gustó mucho la idea de que hubiera una revista dedicada sólo a crónicas de la ciudad. Tuvo la generosidad de darme colaboraciones para cada uno de los 15 números de la revista *A pie*.

Todos fueron textos extensísimos, extraordinarios, donde recuerda cuando era estudiante, de cuando empezó a escribir, de los cabarets, de la vida nocturna, donde se ve el amor que le tiene a la capital y lo bien que conoce a sus distintos personajes. Es un chilango de hueso colorado. Realmente conoce la esencia de la ciudad. Nunca he tenido la fortuna de recorrer las calles con él, me encantaría caminar por **La Merced**, que es uno de mis lugares favoritos.

Cuando yo era niña, caminaba mucho con mi abuelo. Yo era su nieta consentida y me platicaba de esa ciudad que hay debajo de la que íbamos caminando, porque en aquel entonces se decía que ahí estaba la antigua ciudad mexica, el **Templo Mayor**, el recinto de los caballeros águila, pero todavía no se hacían las excavaciones. A mí me resultaba fascinante, misterioso. Fue muy curioso porque mi papá era cronista de sociales y usaba el pseudónimo *El Duque de Otranto*, conocía la vida de encima: la de las familias aristócratas que habían habitado las casas de esa zona. Supongo que de esa mezcla surgió mi pasión por la ciudad, sus calles y habitantes. Escribí mi primera crónica en 1990, en *Unomásuno*. Yo trabajaba en el **Palacio del Conde de Heras-Soto**, en las calles de **Donceles** y **Chile**, donde ahora está el **Archivo Histórico de la Ciudad de México**. El Centro estaba lleno de ambulantes y le sugerí unas crónicas para platicarle a la gente la historia de edificios maravillosos como ése. Me gustaría escribir una crónica novelada de la ciudad donde uno de los personajes tendría que ser, claro, **Carlos Monsiváis**. (lep)

En Palacio Nacional, desde su fachada de barroco anacrónico, se aposentan las imágenes más probadas: la campana que en 1810 convocó la Independencia en el curato de Dolores, en Guanajuato; el Escudo Nacional con el dúo nutricio del águila y la serpiente; la oposición complementaria del guerrero azteca y el guerrero español, la Puerta Mariana (nombrada en honor del presidente Mariano Arista, que la inauguró en reemplazo de su uniforme de gobierno), los murales de Diego Rivera y su *Who´s Who* del Cielo de la Historia, y un recuerdo abolido: cuando existía dentro de Palacio Nacional la Cárcel de Corte, que alojaba a la fuerza a los héroes insurgentes Ignacio López Rayón y Nicolás Bravo, y al escritor José Joaquín Fernández de Lizardi. ¡Libertad a los presos políticos!

IMÁGENES DE LA TRADICIÓN VIVA, 2004.

PALACIO NACIONAL
Avenida Pino Suárez y Corregidora, esquina con Guatemala.
En México este edificio de 40 mil metros cuadrados es la sede del Poder Ejecutivo Federal. Las transformaciones del Palacio Nacional son también las de la historia de México. El último presidente que usó el Palacio Nacional como su residencia fue Porfirio Díaz quien, emulando al emperador Maximiliano, rehabilitó el Castillo de Chapultepec para vivir ahí. Hoy, Palacio Nacional alberga distintas instalaciones y recintos.

» Cualquier manifestación es factible en la plancha del Zócalo.

» La bandera en el Zócalo se iza y guarda diariamente con solemnidad marcial.

La manifestación refrendaba el itinerario de la nueva tradición: del Paseo de la Reforma a la Avenida Juárez y de allí por Cinco de Mayo hasta verterse en el Zócalo reconquistado, otra vez a la disposición de esa gran multitud... El Zócalo estaba a la

vista: ya no la Tierra Prometida, ya no una representación de la sede de los poderes, nada que no fuese, escuetamente, el Zócalo. Se había perdido la facultad de concebirlo meta, porque el país se había convertido en una sola meta o en un interminable punto de partida.

DÍAS DE GUARDAR, 1970.

A la Plaza Mayor se le distribuyen sus funciones desde la eternidad, si es fechable el debut de una entidad que nunca termina. A la Catedral le corresponde el poder de la religión y, con el laicismo del caso, es atributo del Palacio Nacional la religión del poder. A esto lo condimenta la política de sustituciones: la Catedral se levanta a un costado del Gran Teocalli, y el Palacio Nacional se erige allí donde deslumbraron las Casas Nuevas de Moctezuma II...

IMÁGENES DE LA TRADICIÓN VIVA, 2004.

TEMPLO MAYOR

A un costado de la Catedral Metropolitana, Metro Zócalo. Descubierto el 21 de febrero de 1978 cuando un grupo de trabajadores realizaba obras de excavación encontró los restos del Templo Mayor, el centro de la vida religiosa de los aztecas de Tenochtitlan; la gran Ciudad de los Palacios, sepultada tras la Conquista por Hernán Cortés para construir la actual Ciudad de México.

El Templo Mayor era la mayor estructura de la ciudad, en el centro ceremonial del imperio mexica, formado por una pirámide de doble escalinata. En la cima, sus dos templos estaban dedicados a Tláloc y a Huitzilopochtli.

Construido en siete etapas, constaba de 14 edificios que abarcaban una superficie de 250 mil metros cuadrados, lo que en la actualidad equivaldría a un área que va desde el Zócalo y el Palacio Nacional al sur, hasta la calle González Obregón al norte, y desde la calle República de Brasil y Monte de Piedad al oeste, a la calle Del Carmen al este. En 1987 se construyó el Museo del Templo Mayor, donde pueden verse las ruinas por una pasarela que rodea el complejo. En las ocho salas del museo se exhiben miles de objetos precolombinos provenientes de las más de cien ofrendas encontradas en el templo que está en permanente estado de investigación.

CENTRO HISTÓRICO

» La tradición prehispánica es atractivo para turistas y curiosos defeños.

En 1525 se edifica la primera Catedral, dedicada a la Asunción de la Virgen, y en 1567 Claudio de Arciniega (aún no el despacho de Claudio de Arciniega) traza el plano de la Catedral Metropolitana, con modelo de alzado a cargo de Juan Miguel de Agüero. A fines del siglo XVIII se han construido las tres puertas principales, los basamentos de las torres y los contrafuertes de la fachada principal. Y gana el concurso para proseguir las obras José Damián Ortiz de Castro, que se compromete a respetar lo ya edificado. (Al contrario de la creencia frecuente en la Ciudad de México, el destino de la tradición arquitectónica no es la demolición.) Muere prematuramente Ortiz de Castro; Manuel Tolsá lo reemplaza, y arregla, aumenta y añade sus propias y notables estatuas, con lo que la Catedral se concluye en 1813.

IMÁGENES DE LA TRADICIÓN VIVA, 2004.

La Catedral Metropolitana mide 59 metros de ancho por 110 de largo y tiene una altura de 60 metros hasta la cúpula. Se le considera una de las obras de arte más importantes de Hispanoamérica. Dedicada a la Asunción de la Virgen María, tiene cinco naves y 16 capillas laterales cuya construcción comenzó en 1571 y terminó en 1813. En ella confluyen gótico, plateresco, barroco, churrigueresco y neoclásico.
La Catedral tiene varias campanas. La más antigua se mandó fundir cinco años después de iniciada la construcción del edificio; la más grande pesa seis toneladas y la más pequeña 60 kilogramos.

CENTRO HISTÓRICO

**ANTIGUA ACADEMIA
DE SAN CARLOS**
Academia 22.
Inicialmente ocupada por el Hospital del Amor de Dios, la Academia de San Carlos o Real Academia de Bellas Artes abrió sus puertas en 1785, cuando el rey donó una colección de réplicas de esculturas clásicas. Algunas de estas copias pueden verse hoy en el patio principal de este edificio, actualmente dedicado a ser la sede del posgrado de la Escuela Nacional de Artes Plásticas, de la Universidad Nacional Autónoma de México.

Para José Clemente Orozco, 1911 es un año particularmente decisivo: la insurrección prolifera y triunfa, la situación económica lo obliga a multiplicar colaboraciones con los periódicos y él participa por lo menos con su firma en la huelga estudiantil de la Academia de San Carlos. Entre rumores, alarmas, huidas de las buenas familias, escasez de alimentos y preparativos del cambio de régimen, los alumnos de artes plásticas se sienten insatisfechos: una educación pobre y fatalmente inmovilista los frustra, los convierte en eternos espectadores del arte que jamás realizarán. Demandan nuevos métodos de enseñanza, el fin de la esclavitud de las copias en yeso y las reproducciones obsesivas de "estampas piadosas" del paisaje. Confían en la libertad formal como su manera de agregarse a la ambición generalizada de autonomía, de tabla rasa de los valores.

NEXOS, DICIEMBRE DE 1983.

CASA DE LA PRIMERA IMPRENTA DE AMÉRICA
Calle Moneda esquina con Licenciado Verdad.

Aquí funcionó la primera imprenta de América a iniciativa de Juan de Zumárraga, arzobispo de México en 1536. En su fachada puede leerse una placa que dice: "El Virrey Don Antonio de Mendoza estableció aquí, en 1536, la primera imprenta de América. Los tipógrafos fueron Estaban Martín y Juan Paoli"
El edificio lo construyó el conquistador Jerónimo de Aguilar, en el predio que estaba en los límites del Templo Mayor, en el conjunto dedicado a Tezcatlipoca, una de las principales deidades del panteón mexica.

CANTINA EL NIVEL
Calle Moneda 2.
Fundada en 1872 en la planta baja de un inmueble del siglo XVIII, tenía la licencia número uno del Distrito Federal para ejercer como cantina.

Su nombre se debe a que, en 1667, Enrico Martínez colocó ahí el primer nivel de la Ciudad de México que medía la altitud del antiguo Lago de Texcoco, Zumpango y Xochimilco. Las paredes de El Nivel estaban tapizadas de pinturas de los artistas de la Academia de San Carlos y el reloj de la pared corría hacia atrás, desafiando el tiempo hasta que, luego de 156 años de servicio, cerró sus puertas, en 2008, tras perder un litigio con la Universidad Nacional Autónoma de México, que reclamó la propiedad.

» Calles con este nombre hay en cualquier rincón del país.

El trabajo en San Ildefonso es todavía el momento mítico por excelencia del muralismo y la convocatoria al deslumbramiento y la indignación. El primer mural de Rivera, *Creación*, pintado en el Anfiteatro Bolívar, entre principios de 1922 y enero de 1923, es un caso singular, pues resulta una mezcla de temas de la antigüedad clásica, vestigios cristianos, reminiscencias italianas y bizantinas, mitos helénicos renovados por el santoral y sus ángeles, las musas y las tres virtudes cardinales. El primer mural de Alfaro Siqueiros, que retorna de Europa en septiembre de 1922, pintado en el Colegio Chico, es un panorama angélico.

NEXOS, DICIEMBRE DE 1983.

HELENA BERISTÁIN
UN ESTILO MUY SINGULAR

Mi relación personal con **Monsiváis** es muy antigua. Fue mi alumno cuando yo daba clases en la **Escuela Nacional Preparatoria** de la **UNAM**, en el plantel número uno, que entonces funcionaba en **San Ildefonso**. Creo que yo tenía clases a las siete de la mañana. El maestro **Méndez Rostro**, que era el director, había sido maestro de mi esposo, **Rafael Salinas** (de los **Salinas** de Guerrero, no de **Nuevo León**). Él nos dio un grupo a mí en la mañana y otro a mi esposo en la tarde. Allí conocí, como mi discípulo, a **Carlos Monsiváis**: talentoso, participativo, lleno de ideas. Eso fue hace más de medio siglo.

Duré 25 años en la **Preparatoria**. Después fui jefa del **Departamento de Literatura**. Luego (como comencé a escribir libros didácticos) me pasaron a la investigación y sólo conservé un grupo en la **Facultad de Filosofía y Letras**. Cuando me colocaron en **Ciudad Universitaria** como investigadora, en una ocasión

Fundado en 1588 por jesuitas, el Colegio de San Ildefonso fue una de las instituciones educativas más importantes de la Nueva España. A principios del siglo XVIII el edificio se remodeló para convertirse en el inmueble que hoy está considerado como uno de los ejemplos más sobresalientes de la arquitectura civil de la Ciudad de México. Tras la expulsión de los jesuitas, en 1767, el edificio se destinó a diversos usos: cuartel de un batallón del Regimiento de Flandes, sede temporal de la Escuela de Jurisprudencia y cuartel de las tropas estadounidenses y francesas, en 1847 y 1862, respectivamente. De 1910 a 1978, pasó a formar parte de la Universidad Nacional Autónoma de México, fundada por Justo Sierra, como sede del plantel número uno de la Escuela Nacional Preparatoria. Después de permanecer cerrado, en 1992, albergó la exposición *México, esplendor de 30 siglos* y, a partir de esa fecha, se ha convertido en un importantísimo centro de arte y exposiciones temporales.

Carlos me visitó junto con un grupo de estudiantes, amigos suyos. Alguna vez le hice algún comentario, alguna sugerencia, relativa a sus propios escritos publicados en algún periódico que yo frecuentaba.

En los últimos años, hasta hoy, leo sus artículos publicados en la revista **Proceso**. Comparto el enfoque ideológico de su producción y considero que es un periodista importante, dueño de un estilo siempre muy singular, muy personal. Y me alegra que le hayan otorgado premios. (**pgr**)

MUSEO JOSÉ LUIS CUEVAS
Academia 13.
Ubicado en el Antiguo Convento de Santa Inés, se inauguró en 1992. Dos Presidentes de México aceptaron la creación del museo, ellos fueron Miguel de la Madrid y Carlos Salinas de Gortari, con quienes Cuevas mantenía una gran amistad. El Regente Ramón Aguirre Velásquez también aceptó el proyecto y se reubicó a aquellos que habitaban en vecindades miserables y en un depósito de telas. A pesar de estos inconvenientes Cuevas y Salvador Vázquez Araujo insistieron que ese

sería un lugar adecuado, aunque requeriría de todo un equipo de arquitectos para convertir al edificio en un museo del Siglo XX. Su exposición permanente incluye obras que van de Rembrandt y Picasso hasta las del propio Cuevas, Raúl Anguiano, Armando Morales y Vicente Rojo, entre otros.
En el patio central hay una escultura de ocho metros de alto y ocho toneladas de peso llamada *La giganta* o *El gigante*, porque Cuevas se inspiró en la obra de Baudelaire y en la de Salvador Díaz Mirón para realizarla.

SERGIO GONZÁLEZ RODRÍGUEZ
TRAS LOS PASOS DE MONSIVÁIS

Conocí a **Carlos Monsiváis** a principios o finales de los años ochenta, cuando empecé a colaborar y luego me incorporé al suplemento *La Cultura en México*, donde estábamos **Rafael Pérez Gay, Luis Miguel Aguilar, Antonio Saborit, Alberto Román, Roberto Diego Ortega** y **José Joaquín Blanco**. A partir de eso empecé a tener una relación directa, personal, de trabajo, con **Carlos**. Nos reuníamos todos los domingos en su casa, que recuerdo como un lugar parecido a un búnquer, cuyo único rasgo de calidez provenía de la presencia de su madre. Prácticamente todos los días que nosotros íbamos. ella le preguntaba a **Carlos**:

—¿Qué quieres que te prepare hoy de cenar?
—Arroz y frijoles —respondía él.
—¡Otra vez arroz y frijoles! —exclamaba ella.

En ese momento acababa el diálogo porque **Carlos** se exasperaba por esa irrupción en su vida privada:

—Ya, ya, mamá. Déjanos trabajar.

Cuando terminábamos, a veces a las seis o más tarde, nos íbamos a la **Imprenta Madero**, con **Bernardo Recamier**, a diagramar el suplemento. No había computadoras. Hacíamos todas las correcciones en papel.

Luego *La Cultura en México* cumplió un ciclo y dejamos de hacer el suplemento. **Carlos** se quedó un poco más durante la transición en que lo tomó **Paco Ignacio Taibo II** y pasó a otra etapa. Ésa fue una tarea muy importante para mí. Con **Carlos** se aprende mucho: cómo editar, cómo entender el fenómeno del periodismo; cómo entender la literatura, la política, la cultura. Fue una época inaugural en términos de surgimiento de nuevas formas, de nuevas participaciones en la vida cultural y política de **México** en los años ochenta, que fueron muy duros. Ocurrieron muchos episodios. Por ejemplo, la explosión de gas de **San Juanico**, en el **Estado de México**; el **terremoto del 85**, la muerte de **Manuel Buendía**. Todo eso lo cubrimos en el suplemento. Nos tocó escuchar a **Carlos** y todos los testimonios que a su vez él recuperaría en sus crónicas. Para mí el trabajo con **Carlos Monsiváis** fue fundamentalmente de aprendizaje. Nos divertíamos mucho. Nos regañaba mucho, pero lo recuerdo con gran afecto.

La puerta a otros mundos

Nunca me ha tocado ver a **Carlos** en un tránsito mayor a las dos o tres cuadras que hemos recorrido juntos, pero tengo una idea muy clara respecto a él. Aparte de ser un gran paseante urbano de los años cincuenta y sesenta, en los setenta sus crónicas empezaron a cobrar otro registro. Hacia los ochenta, que es cuando yo lo conocí, él ya tenía un conocimiento de primera mano, a partir de sus recorridos urbanos; sin embargo, me da la impresión de que eso ya no lo atrae tanto como la interlocución con lo que entraña la propia ciudad, de ahí que me queda muy claro un episodio que debe haber ocurrido a mediados de los años ochenta.

Me encontré a **Carlos** en la calle de **Gante**. Era un sábado, durante la temporada de la **Feria del Libro en Minería**, en un día soleado de primavera. Él iba acompañado por una muchacha muy joven a la que me presentó como "una editora". Esa joven editora era, ni más ni menos, **Consuelo Sáizar**, ¡cuando era una niña! Me llamó mucho la atención ver a **Monsiváis** caminando por las calles del **Centro** porque yo siempre lo había visto tras un escritorio o en el sofá de su casa o me tocó tener reuniones con él en el **Café Viena** de la **Zona Rosa**, que ya no existe. Hasta donde recuerdo, era un café puesto por emigrantes europeos, al estilo de las cafeterías vienesas. Era un lugar muy cálido, agradable. Luego **Carlos** empezó a citar a la gente en el **Café Auseba**, en la calle de **Hamburgo**, que ya tampoco existe.

Pero aquella vez que me encontré a **Monsiváis** en el **Centro**, lo primero que pensé fue en seguirlo. ¡Claro! ¡Se me ocurrió seguir los pasos de **Monsiváis**! No llegué muy lejos. Él y la joven editora se metieron en un edificio, en la calle de **Madero**. Me dio miedo entrar. Había leído un prólogo suyo a *La obligación de asesinar*, de **Antonio Helú**. Ahí **Monsiváis** menciona ambientes, edificios y oficinas de la calle **Madero** a fines de los años cuarenta. Narra cómo llegó a visitar a **Antonio Helú** y cómo era el ambiente de esa época. Lo recuerdo y lo vinculo, porque el prólogo es posterior a mi intento por seguir a **Monsiváis**. Pensé que, al meterse en ese edificio, se abriría una puerta donde aparecería otro mundo, el mundo de **Carlos Monsiváis** que ahora ha quedado plasmado en el **Museo del Estanquillo**, pero que en ese momento para mí era un gran misterio, sobre todo porque esa zona del **Centro Histórico** está cargada de referencias literarias. **Gante**, **Madero**, **Bellas Artes**, los cines de por ahí, el **Pasaje Savoy**, entre otros, son espacios que tuvieron mucho peso literario y están registrados en la literatura.

De la ciudad real a la ciudad de los libros

Ahora me preguntan: ¿qué pasa con **Monsiváis**, el caminante de la ciudad? Lo evoco en una relación de paseante, pero del paseante que va de la ciudad real a la ciudad de los libros. Por eso, en aquel edificio de **Madero** yo me imaginé que se abriría una puerta a un espacio extraño, a otro universo, a un paraíso de libros y grabados que es el mundo de la ciudad que **Carlos** aprendió a amar desde muy joven. Recuerdo particularmente ese prólogo que he citado, porque después me enteraría en una conversación con **Antonio Saborit** que **Carlos** fue ahí, a la calle de **Madero**, a inscribirse en un curso de detectives, si no me equivoco, ¡en la **Agencia de Valente Quintana**!, un detective de la primera mitad del siglo que fue policía y luego dio cursos. ¡A lo mejor es una invención de **Antonio Saborit**, pero no lo creo porque él es un historiador muy serio!

La anécdota con **Carlos** es muy importante porque fue a verlo en el trayecto de la ciudad real, del espacio urbano cargado de connotaciones culturales, a la ciudad de los libros; una ciudad que él ha ido desarrollando en sus crónicas a partir de los años ochenta hasta la fecha. Ésa es una ciudad en donde lo que a él le interesa es pasear por la **Historia**. Por ejemplo, no hay una pasión más clara en **Carlos** que contar las cosas a partir de la propia historia, en un contexto político y cultural. Creo que eso es muy importante en una persona que tiene la habilidad de pasearse en un entorno urbano, pero que después puede realizar esa misma práctica frente a los libros, frente al sistema, frente a las fascinaciones del arte, la fotografía o el cine.

Lo ubico más bien como un paseante que va de esta realidad hacia la de los libros y que de pronto se encierra, no 24 horas en un cuarto, sino 48 o las que le rinda un solo día, para estudiar todos esos temas apasionados que tiene. A partir de los años sesenta y, sobre todo, a partir del 68, **Monsiváis** empezó a adquirir otra connotación como intelectual y se dedicó exclusivamente a la política, o si no exclusivamente, sí apasionadamente. Construyó otro escritor, otro personaje distinto al que había tenido en las décadas de los cincuenta y sesenta en que todo el juego intelectual se daba en torno a la **Zona Rosa** y **La mafia**, episodios que ahora a los jóvenes empiezan a serles desconocidos.

Creo que habría que recuperar a **Monsiváis**, no como el señor que todo el mundo conoce y que sale en la tele, sino como uno de los personajes jóvenes más vitales de la cultura mexicana del siglo XX y más allá. Ahora ya está muy reverenciado y premiado, pero hay que pensar que desde muy joven él ya estaba haciendo cosas distintas, maravillosas, con un talento extraordinario. Y lo que pasó fue que este paseante se apropió completamente de la **Ciudad de México**, al grado de que la reinventó. No hay que olvidar que **Monsiváis** paseó por las calles del **Centro** con gente como **Salvador Novo**, quien a su vez era un gran paseante de la **Historia**. **Carlos Fuentes** es otro gran personaje de esa generación y creó la gran novela del paseo urbano: *La región más transparente*. También es el caso de **José Emilio Pacheco**, quien recupera en sus poemas esa vivencia directa de la ciudad. Esas calles, esos sitios, no son el telón de fondo para una generación; son el mundo, el universo que ellos han llenado con su presencia y con su literatura. Frente a una ciudad que ha sido destruida por malas gestiones, por injurias, por descuido colectivo, va quedando la ciudad de los libros y de la vida que construyeron personajes como **Carlos Monsiváis**. (lep)

MUSEO DEL ESTANQUILLO
Isabel la Católica 16 esquina Madero.

Al terminar el siglo XIX, la esquina que ocupa hoy el Museo del Estanquillo pertenecía a la Joyería La Esmeralda, una de las más lujosas del país. En el transcurso del siglo XX, el edificio sufrió varias transformaciones: pasó de oficina de gobierno a banco y luego a discoteca. Pero con la llegada del nuevo siglo se convirtió en un museo de arte popular urbano: El Estanquillo Colecciones Carlos Monsiváis.

A lo largo de su vida Monsiváis ha adquirido y guardado cerca de 12 mil objetos, desde pinturas, grabados, miniaturas y fotografías, hasta alcancías, maquetas, juguetes, álbumes, calendarios, partituras, carteles publicitarios y, desde luego, libros. De ahí el nombre del museo: un auténtico *estanquillo* de la cultura popular. La Colección Carlos Monsiváis está dividida en cinco grandes temas: fotografía; miniaturas y maquetas; dibujo y caricatura; grabado, y vida cotidiana. El acervo del museo está integrado por obras de autores que abarcan un gran espectro: desde Ernesto García Cabral y José Guadalupe Posada, hasta Miguel Covarrubias y Francisco Toledo. Desde *Nacho* López y Héctor García, hasta Naranjo, *Rius*, Abel Quezada y Rafael Barajas *El Fisgón*.

Los dos primeros pisos del museo están dedicados a las salas Leopoldo Méndez y Gabriel Vargas. Los pisos tres y cuatro están destinados a oficinas, una sala de exposiciones temporales, talleres y una biblioteca que cuenta con cerca de mil libros relacionados con el arte y la cultura mexicanos. La terraza de este edificio ofrece una de las vistas más hermosas del Centro Histórico.

CENTRO HISTÓRICO

» ¡Bueno¡ Monsiváis. No. Le dieron mal el número...

RODOLFO RODRÍGUEZ CASTAÑEDA
NO ES CUESTIÓN DE DINERO SINO DE INTELIGENCIA

Como ocurre con casi todos los coleccionistas, **Carlos Monsiváis** no comenzó a reunir piezas y objetos con la idea de algún día hacer un museo. Mucho antes de que surgiera la intención del **Museo del Estanquillo**, a **Monsiváis** ya le pedían piezas para exposiciones de otros museos, como la de **Leopoldo Méndez** en el **MUNAL**. En 2002 surgió el proyecto del **Estanquillo** cuando se juntaron las voluntades para llevarlo a cabo. Siendo todavía jefe de gobierno **Andrés Manuel López Obrador** le ofreció a **Monsiváis** tres edificios, propiedad del **Gobierno del Distrito Federal**. Los otros dos eran muchísimo más grandes que éste, el de la antigua **Joyería La Esmeralda**. **Carlos Slim** también decidió

apoyar el proyecto, a través de la **Fundación del Centro Histórico**, con gente de la altura de **Alejandra Moreno Toscano**, asesora de la **Fundación** y amiga de **Monsiváis**, desde hace mucho tiempo.

De esto a la inauguración del museo, a fines de 2006, transcurrieron casi cinco años en que nos dedicamos a ordenar y clasificar la colección de **Monsiváis**. Hasta el momento llevamos clasificadas nueve mil piezas pero todavía faltan unas seis mil. Sacar los objetos de la casa de **Carlos** y catalogarlas fue una labor titánica, pero muy divertida e interesantísima. Literalmente fuimos a su casa a *abrir brecha* porque apenas se podía transitar. Fue un trabajo casi arqueológico. En realidad la casa de **Carlos** está compuesta por tres viviendas. La de en medio es la original, construida por su madre, **doña Esther**, y a la que nosotros afectuosamente nos referimos como la *casa dos* porque está flanqueada por la del frente y por la de atrás. Lo que empezó con la adquisición de un primer cuadro de **Miguel Covarrubias**, pronto se convirtió en un torrente incontenible de piezas, a tal grado que doña **Esther** decidió que era más fácil construir otra casa que ordenar semejante caos. Por eso construyó lo que llamamos la *casa uno*, la del frente, pero sucedió lo mismo: se llenó de obras. De nuevo, doña **Esther** decidió construir otro edificio, la *casa tres*, que es la nueva, al fondo. ¡Y mira cómo está: llena! Casi a cuarenta años de distancia nosotros llegamos y empezamos a catalogar todo eso. El **INAH** nos apoyó mucho cuando **Sergio Raúl Arroyo** era el director. Nos asignó a un grupo de gente muy capaz para hacerlo. **Rosana Calderón**, de la **Coordinación de Museos y Exposiciones** del **INAH**, nos ayudó a desarrollar un sistema especial de catalogación. Eso nos llevó como un año. Hubo apoyo de investigadores y de mucha gente, porque **Carlos** tiene desde postales hasta cuadros de **Covarrubias** o de **Ruelas**. Por eso la colección del **Museo del Estanquillo** abarca cinco grandes rubros: fotografía; miniaturas y maquetas; dibujo y caricatura; grabado y vida cotidiana. Es un proyecto muy importante porque —claro, están las piezas—, pero la colección también tiene mucho que ver con las personas, porque interviene la amistad, la admiración, el conocimiento.

Es una colección maravillosa: más que estar hecha con dinero está hecha con inteligencia. **Monsiváis** tiene un ojo curatorial tremendo. Su virtud es que él valoró muchas piezas que la mayoría pasaba por alto. La gente tiene la mala idea de que se trata de *las chácharas* de **Monsiváis**. Aquí no hay *chácharas*. Se trata de piezas valiosísimas. **Gabriel Vargas** o **Cabral**, por ejemplo, regalaban su obra o se la daban a alguien o la perdían. Por eso no existen muchos originales de su producción, pero **Monsiváis** incluso sacó piezas invaluables de la basura: carteles, caricaturas, fotos. Él ha hecho una labor de rescate impresionante y posicionó en el mundo del arte piezas que, aparentemente, no tenían valor. Por ello **Monsiváis** ha generado un nuevo tipo de coleccionismo de objetos y piezas que quizá antes no habrían estado en un museo. Venían compradores de **Estados Unidos** y se llevaban los carteles de cine porque aquí nadie los quería. **Monsiváis** iba a **La Lagunilla** y a la **Plaza del Ángel** y compraba esas piezas que eran auténticos testimonios de una época: afiches, carteles publicitarios de jabón, de refrescos, de objetos de la vida cotidiana. ¡El coleccionismo de **Carlos** encareció el mercado! Hoy son objetos costosísimos. Pero él dice que las transnacionales han acabado con todo porque los carteles ya son iguales en todo del mundo. Esa es la parte negativa de la globalización.

Monsiváis tiene rarezas como dibujos de **Toral**, el asesino de

Obregón. La suya es una labor testimonial e histórica. Todos los temas que le preocupan, que le interesan, que lo apasionan en su escritura están presentes en esta colección. Además, es coautor de muchas de las piezas porque les da a los artesanos y a los artistas muchas ideas para hacer sus obras. Se requieren dos genios: el que piensa y el que ejecuta. Por ejemplo, **Monsiváis** le pidió al maestro **Rogelio Naranjo** —de quien conocemos la faceta política a través de lo que publica en **Proceso**— una caricatura "de de **Juan Rulfo** volando como fantasma sobre **Comala**" y **Naranjo** hizo una ejecución genial de esa idea. A **Teodoro Torres** y su esposa **Susana Navarro**, quienes hacen figuras de plomo, les ha pedido escenas, dioramas, la representación de las castas, el *Sueño de una tarde dominical en la Alameda Central*, de **Diego Rivera**, o representaciones de la quema del **Judas** en el **Centro**. Son piezas únicas; sin embargo, las piezas favoritas-favoritas de **Monsiváis** siguen en su casa. Hay cosas de las que no puede desprenderse. Los coleccionistas de arte son admiradores que le profesan devoción al artista del que compran obra.

Aquí, en **El Estanquillo**, tenemos exposiciones muy largas que duran varios meses. Cuando **Carlos** viene al museo –lo hace seguido– recorre una exposición y disfruta de las piezas como si fuera la primera vez que las ve. Es increíble. Tenemos la idea de que, en unos años, abriremos una sala donde esté la exposición *permanente* del museo, pero tendrá que ser *permanente-rotativa*, porque la colección es enorme. Él es el capitalino por excelencia. Por eso, en cuanto vio este edificio supo que era el adecuado para el carácter de la colección. Para él era muy importante crear una atmósfera amable, que no causara temor, en la que fuera posible disfrutar las miniaturas, admirar los detalles, y eso se perdería en un edificio más grande.

Junto con **El Fisgón**, curador del museo, y **Alejandro García Aguinaco**, quisimos capturar ese sentido irónico e incisivo que hay en la obra de **Carlos**; crear un espacio alejado de la nostalgia y de la memorabilia. Más bien, la idea era hacer que el museo estuviera en la calle y que la calle estuviera en el museo. El nombre dice mucho: **Museo del Estanquillo**. **Carlos** no quería que se llamara **Museo Carlos Monsiváis** ni algo que fuera autorreferencial. Después de mil propuestas, dijo: **El Estanquillo**, en alusión a las tienditas donde hay de todo. Mucha gente se horrorizó de que no tuviera un título más… engolado, pero a mí me pareció maravilloso. Hay un contrapeso entre la solemnidad de la palabra *museo* y la cotidianeidad del término *estanquillo* que define perfectamente lo que hay aquí, en este lugar que a mí, como director del museo, me remite a un mundo de infinitas referencias, donde el aprendizaje se ha convertido en algo que no tiene fin ni límite; en algo adictivo para lo que no encuentro cura. (**lep**)

Quisieron los mexicanos dar con este hecho una prueba de patriotismo y la dieron muy clásica de su falta de buen sentido... ¿Qué signo de servidumbre era ése? Era un recuerdo de que los reyes de España habían reinado sobre México, pero si todos los recuerdos debieran borrarse, hubiera sido mejor arrojar al mar todas las monedas de oro y plata que estaban probando que los Fernandos, los Carlos y los Felipes que mandaron en España los tres últimos siglos, fueron reyes en México: y después de arrojar estas monedas al mar, o a los infiernos, se debió quemar todo libro en que hubiese algo de la conquista de aquel país; y se debieron demoler el palacio del virrey, la catedral, la universidad, el Colegio de Minería y todos los demás edificios que los reyes hicieron construir.

NEXOS, DICIEMBRE DE 1984.

PALACIO DE MINERÍA
Tacuba 5.

Construido entre 1797 y 1813 por el escultor y arquitecto valenciano Manuel Tolsá, este edificio, considerado una obra maestra del estilo neoclásico en América, inicialmente albergó al Real Seminario de Minería, dedicado a la enseñanza de la ingeniería y la metalurgia. La minería era la principal actividad económica de la Nueva España y una de las principales fuentes de riqueza del imperio español. En el siglo XIX, tras las revueltas militares ocurridas en la primera mitad del siglo, se pensó en utilizarlo como mansión imperial de Maximiliano de Habsburgo, pero el emperador prefirió el Castillo de Chapultepec.

MUSEO NACIONAL DE ARTE
Tacuba 8.

El arquitecto italiano Silvio Contri construyó este edificio, que debía reflejar el esplendor del régimen de Porfirio Díaz. El Museo alberga una rica colección de arte mexicano con obras que abarcan desde el siglo XVI hasta mediados del siglo XX. Gran parte de las obras formaban parte de la colección de la Academia de San Carlos, distribuidas entre este museo, el Nacional de San Carlos y la Pinacoteca Virreinal. Entre las obras del MUNAL están las de Juan Correa, Miguel Cabrera, Eugenio Landesio y la colección más grande de pinturas del gran paisajista José María Velasco.

En un México de soberanía tan reciente, la condición de los símbolos es todo menos simbólica. En vísperas de ocupar el trono Agustín de Iturbide manda cubrir con un globo azul la estatua de Carlos IV (*El Caballito*), para que no presencie la ceremonia. Así, hurtada de la pompa y los sobresaltos del poder, continuará vendada hasta 1824, cuando el Primer Presidente de la República, Guadalupe Victoria, considera ya demasiado afrentosa su cercanía al Palacio Nacional. Momentos antes de que la estatua se convierta en un barandal, Lucas Alamán salva al insulto broncíneo y, alegando su condición de obra artística, obtiene su traslado al Colegio de Minería, donde permanecerá un tiempo en virtual prisión.

NEXOS, DICIEMBRE DE 1984.

OFICINA DE CORREOS
Tacuba, esquina con Eje Central.
Monumento de gran valor artístico, la construcción de este palacio se inició en 1902. El edificio se inauguró en 1907, a instancias de Porfirio Díaz, quien lo encargó al arquitecto italiano Adamo Boari, quien trabajó en el taller arquitectónico de Frank Lloyd Wright, y al ingeniero mexicano Gonzalo Garita y Frontera. La fachada exterior es de cantera blanca de Pachuca, con elementos góticos, venecianos y platerescos, además de estar adornada con marquesinas y luminarias con forma de dragones y gárgolas.

LA CASA DE LOS AZULEJOS
Calle Madero, 5 de Mayo y calle Condesa.
Declarado monumento nacional, en 1931, el Antiguo Palacio de los Condes de Orizaba, o Casa de los Azulejos, como se le conoce popularmente, se construyó en 1793. Su fachada se cubrió con azulejos de talavera elaborados en Puebla, como muestra de la enorme riqueza de sus primeros dueños, aunque sus ocupantes fueron cambiando con el paso del tiempo. Mucho del interior barroco sobrevive. En el siglo XIX fue la sede del Jockey Club y, después, brevemente, Casa del Obrero Mundial. En 1917 los hermanos Walter y Frank Sanborn instalaron ahí una fuente de sodas, techaron el patio con vidrio emplomado y adornaron las paredes con las pinturas del artista rumano Pacologue. En 1925 José Clemente Orozco terminó el mural *Omnisciencia,* que adorna el cubo de la escalera principal. Actualmente es el edificio insignia de la cadena Sanborns.

EL EJE CENTRAL LÁZARO CÁRDENAS, A LA ALTURA DE LA ANTIGUA Y (ONOMÁSTICAMENTE) DIFUNTA SANTA MARÍA LA REDONDA. ALLÍ CADA NOCHE, IGNORANTES DE SU CONDICIÓN ATÁVICA, PULULAN LOS AFERRADOS A LOS DESPLANTES DE LA FILMOGRAFÍA NACIONAL, LOS RELAJIENTOS, LOS DISIPADOS, LOS COMELONES, LOS CURIOSOS, LOS PRESUROSOS, LOS OBSESOS...

ESCENAS DE PUDOR Y LIVIANDAD, 1988.

El danzón debe ejecutarse despacito; en el ladrillo de la leyenda, o recorriendo el salón, pero siempre suavecito. ¿Para qué acelerarse si el danzón es el tiempo del mundo a disposición de una pareja?

ESCENAS DE PUDOR Y LIVIANDAD, 1988.

El 1 de enero de 1879, Miguel Faílde presentó, en Matanzas, Cuba, el primer danzón titulado *Las Alturas de Simpson*. Lo interpretó una orquesta típica de viento, que contaba con cornetín, trombón de pistones, figle, dos clarinetes, dos violines, contrabajo, timbales y güiro. Dicha orquesta estaba dirigida por Miguel Faílde, quien era el autor. Derivado de la danza criolla, la popularidad del danzón se hizo patente a fines del siglo XIX y principios del XX. El nombre de este género musical no es más que el aumentativo de *danza*.

El Teatro Blanquita es un recinto sacro o mejor, es un museo, el frigorífico que guarda, que conserva una actitud popular, la confusión entre la mera insistencia y la tradición.

DÍAS DE GUARDAR, 1970.

TEATRO BLANQUITA
Eje Central Lázaro Cárdenas 16, colonia Guerrero.
En 1960 el antiguo Teatro Margo cambió su nombre a Teatro Blanquita, en una reinauguración en la que se presentó Libertad Lamarque. Uno de los escenarios populares más importantes, este teatro surgió por iniciativa de Margo Su y su esposo Félix Cervantes, quienes lo llamaron Teatro Blanquita en honor de Blanca Eva Cervantes, y se reinauguró el 27 de agosto de 1960. El inmueble tuvo una nueva restauración en 1999 y fue reinaugurado en marzo de ese año con un gran homenaje a los actores de revista que actuaron en él.

IVÁN RESTREPO
MONSIVÁIS A ESCENA

Carlos Monsiváis es mi gallo. Es el primero que llama temprano a esta casa, todavía con lagañas, para ver cómo está el mundo, qué ha habido. Habla a las siete, a veces antes. Sábados y domingos optó por llamar más tarde, como a las ocho, aunque a veces se equivoca y el teléfono suena más temprano. Nos comunicamos dos o tres veces al día, todos los días. No es necesario verlo para saber dónde está o qué hace. Es una persona tan pública que resulta perfectamente posible saber cuál es su paradero o qué dijo, porque uno lo lee en los periódicos o lo ve en la televisión.

Vi a **Carlos** por primera vez en los años sesenta, en una huelga del hambre del movimiento estudiantil, allá en el **Centro**. Después nos saludábamos muy respetuosamente en **Radio Universidad**, porque en 1963 o 64 él hacía el programa *El cine y la crítica*. Yo iba a la estación a grabar un programa semanal titulado *Los libros al día*, que hacían **Ramón Xirau** y **Víctor Flores Olea**. A mí me tocaba la parte de economía. En ese momento el ambiente de **Radio Universidad** era muy interesante y divertido porque veías a **Max Aub**, al poeta **Carlos Illescas**, **Pita Amor**, **Joaquín Gutiérrez Heras** y **Héctor Mendoza**. Llegaba **Ricardo Guerra** a grabar sus programas sobre filosofía. ¡Me acuerdo que la *introducción* a **Hegel** se llevó tres años! Después nos veíamos con mi tía, **Nancy Ruiz Vicens**, porque animaba un grupo muy interesante de cine nuevo, del cual **Carlos** formaba parte.

El Ateneo de Angangueo

Pero fue en los años setenta que me vinculé más con él cuando, junto con **Manuel Buendía**, **Tito Monterroso**, **Fernando Benítez**, *Elenita* **Poniatowska**, *Paco* **Martínez de la Vega**, don **Alejandro Gómez Arias**, **Miguel Ángel Granados Chapa**, *Gabo*, quien asistía en algunas ocasiones, fundamos una agrupación informal a la que llamamos **El Ateneo de Angangueo**. Cada miércoles nos juntábamos a comer en mi casa. Era chistoso porque, si en algunas ocasiones **Carlos** decía que iba a venir y no venía, entonces el maloso de **Manuel Buendía** le mandaba a una especie de guaruras a su casa. Entonces al señor no le quedaba más remedio que salir porque ya lo estaban esperando en un carro muy elegante, así que llegaba a la reunión, pero no veía la hora de irse: **Carlos** siempre ha sido el que primero se va de cualquier lugar.

De ahí en adelante nos identificamos muchísimo con la cuestión intelectual y política, con lo popular, de lo cual siempre él ha sido un gran admirador e impulsor, sobre todo en música. Es una biblioteca, una enciclopedia andando en todo lo referente a **Pérez Prado**, **María Victoria**, *Tongolele*, **Los Diamantes** y las grandes figuras del medio artístico mexicano. Ahí estábamos, en parte apadrinados por **Margo Su**, quien en aquella época estaba en el **Teatro Blanquita**: era la empresaria número uno del país de teatro popular. Por eso los tres íbamos a ver cuanto show, recital y pachanga había. Realmente era muy divertido. Todavía ahora **Carlos** y yo nos reímos mucho al acordarnos de algunas presentaciones. Íbamos a ver a **Marco Antonio Muñiz**, a **José José** y, en fin, a lo que valía la pena y sigue valiendo la pena en este país, desde el punto de vista artístico. Ahora ya no hay grandes figuras. Los artistas de hoy son *kleenex*: completamente desechables.

Los aprietos de Don Juan Petróleo

El ambiente del **Blanquita** lo daba la burla con que **Margo Su** se refería a los intelectuales. Decía que, por fin, los intelectuales habían "descubierto" al pueblo. En aquella época al **Blanquita** se le llamaba "**el Bellas Artes de los pobres**". Pero, con mucha inteligencia, **Margo** se jaló a las grandes figuras del teatro para que montaran obras populares, con base en música. Eso te explica a **Juan Ibáñez**, por ejemplo, montando una revista sobre el mambo. La figura central era **Ofelia Medina** y el mismo **Pérez Prado**; un homenaje de **Julio Castillo** a **José Alfredo** o un homenaje a **Agustín Lara**. Eran revistas que duraban seis meses en cartelera, con teatro lleno. Entonces los intelectuales comenzaron a descubrir que había otra cultura: la cultura popular que venía expresándose desde hacía décadas, sobre todo después de la **Revolución**, en los **teatros de revista**, que eran la conciencia crítica donde el pueblo se desahogaba.

Carlos siempre iba a los estrenos. Nunca olvidaré uno en especial. En noviembre se acostumbra a poner en escena lo que se llama "los tenorios", en homenaje a los muertos. Siempre son tenorios cómicos, aunque también se montan tenorios serios con todo el poemario de **Zorrilla**, pero los que más atraían la atención del público eran los tenorios cómicos.

—Yo quiero actuar —le dije a **Margo**.

Y por ahí derecho se apuntó **Monsi**. Recuerdo que andábamos en **Estados Unidos**. Nos regresamos para ver los textos y todas esas cosas. El primero de noviembre, **Margo** organizó a todo el grupo, armaron lo necesario para el estreno y **Carlos** dijo:

—Yo voy a estar también. Voy a actuar con el elenco, en un papel pequeño. Yo salgo atrás, en la escena de la **Hostería del Laurel**.

La mamá de **Carlos** comenzó a decirme:

—Oiga, licenciado (porque me trataba muy reverente), si acaso es cierto eso de que van a actuar ustedes dos, yo quiero ir a ver a mi hijo. ¿Cómo me voy a perder la única vez en que lo vea actuar?, porque no recuerdo haberlo visto ni en las obras de teatro de la escuela. ¿Será posible que yo vaya?

—Pues claro que sí, señora —respondí—. La función es a las siete y media. Yo creo que no hay problema.

—Pero que no se vaya a enterar mi hijo, porque ya se imagina si sabe que voy a ir con mi hermano.

—No se preocupe, señora. Yo voy a hablar con **Margo** para que le tengan un lugar especial.

—¡No, no, no, no, no! ¡Un lugar especial no! Mejor donde **Carlos** no me vea.

Bueno, no sé por qué, **Carlos** se enteró de que su mamá quería ir al estreno. Y justo el 2 de noviembre, el día en que se estrenaba *Don Juan Petróleo*, ella me habló:

—¿Sabe qué, licenciado? No me separe ya los tres boletos que le pedí. **Carlos** me prohibió acercarme al teatro. Dijo que no tenía nada que andar haciendo allá.

No sé si eso sea cierto o no. El asunto es que **Carlos** llegó a las seis y media de la tarde, cuando lo habían citado desde el día anterior para medirle el traje, que era de época. **Ricardo Luna** era el coreógrafo y escenógrafo. Había toda una plana de los costureros que estaban terminando de darle los últimos toques al vestuario del elenco. **Carmen Salinas** hacía el papel de **doña Inés**; *Palillo* era **don Juan**. Ricardo ya más o menos era amigo de Carlos y sabía cuáles eran nuestras estructuras óseas. Nos había separado unos trajes de época para el estreno. Yo llegué y me hicieron algunos ajustes. No tuve ningún problema, pero cuando llegó **Carlos** no le quedó bien el traje y estaba a punto de abrirse el telón. Entonces, con esa magia que tienen los modistos de teatro, en media hora le armaron el traje. Quedó impecable.

Comenzó la función. Cuando vino la parte de **Don Juan Petróleo**, el teatro estaba repleto porque el elenco era muy bueno, pero **Carlos** se negó a salir a escena. Mi papel únicamente consistía en dar unos golpes en el piso con un bastón y anunciar: "¡Señores, la cena está servida!", ahí en la **Hostería del Laurel**. Nada más. Cometí todos los errores teatrales que se pueden cometer. No habíamos ensayado nada. Yo ya había actuado, pero en la escuela, y ante estos actores geniales, y frente de dos mil personas, eso pesa mucho. Total que el miserable de **Alejandro Suárez** aprovechó para enterrarme vivo. Yo di la orden de la cena pero, ¿cómo iba a quedarse con las ganas de echarse un chascarrillo?

—¿Y este hijo de **Zabludovsky**? –preguntó **Alejandro Suárez**—. ¿Quién lo mandó para recordarnos la hora de la cena?

La carcajada fue general. Sí, en efecto me parecía un poco a **Zabludovsky**, por los lentes y todo. Pero **Monsi** no estaba por ningún lado. De pronto, volteo y veo a la *chinita* empujando un bulto: era **Carlos**. Le daba terror salir a escena pero **Margo** logró sentarlo en la última mesa de la *hostería*. Completamente muerto de pánico, **Monsi** no pudo ni moverse. Por fin, logramos que se sentara junto a *Cuco* **Valtierra**, el director de orquesta, quien también hacía un papel pequeño. Alguien tomó esa foto donde aparecen **Carlos** y *Cuco*, ambos en traje de carácter.

Carlos se aterró. Se paralizó. Cuando terminé mi papel, él corrió detrás de mí hacia el camerino para que le quitaran todas las cosas, pero **Margo** lo impidió:

—No, no, no. Tiene que quedar constancia de que actuaste. Aquí no vienes a contármela. Que quede constancia. Espérate a la foto.

Entonces, nos obligó a dejarnos el traje hasta que terminara el *sketch* de **Don Juan Petróleo**, con que se cerraba la función. Duraba unos veinte minutos. Nos juntó a todos. Me acuerdo que estaba **Ninón Sevilla**. Mira, en la foto estamos **Carlos** —¿ves cómo se ve aquí el añadido que le hicieron a su traje?—, **Alejandro Suárez**, **Ninón**, tu charro, **Carmen Salinas**, **Palillo**, la **Fufurufa**, **Dupeirón**... ahí estamos todos. ¡Ve la foto! No tiene igual. ¡Ve la solemnidad! ¡Es que **Carlos** tiene cara de gatito, todo muy sonriente! Sólo quienes estuvieron ahí nos creyeron toda la aventura porque fue la única función.

Al día siguiente la mamá de **Carlos** me habló:

—¿Cómo estuvo mi hijo? —preguntó.

—Pues señora, ¿qué cree? Ya sé por qué no la dejó ir. En realidad no iba a actuar. No se dejó ver.

Pero **Margo** se encargó de contarle todo y le dijo:

—¡Es un sacón!

La señora me reclamó:

—¿Por qué me dijo, licenciado, que **Carlos** no había actuado? Ya me contó la señora **Margo** que **Carlos** se sentó arriba y que ella tuvo que empujarlo para que saliera a escena.

Ya después, en otras ocasiones, **Carlos** y yo hemos participado en distintos eventos, como la celebración de los treinta años de vida artística de **María Victoria**, con **Los Diamantes** y **Pérez Prado**, en el homenaje que se les organizó en **El Blanquita**, en los años ochenta, y así, en todas las cosas más raras que te puedas imaginar, ahí hemos estado: ahí está él. No sabes la capacidad que tiene para estar en los lugares más extraños, con la gente más extraña, en los momentos más extraños, pero en lo popular no hay quien lo iguale en conocimiento, en buena memoria, en sentido crítico, en apreciación musical. Eso te explica cómo, cuando la televisión española le hizo un homenaje a **Chabela Vargas**, con muy buen tino mandaron a traer a **Carlos** sólo para que estuviera ahí. Con eso era suficiente.

King Kong y los intelectuales

Monsi tiene una memoria prodigiosa en todo lo que se refiere a música, cine y las figuras que quiere la gente. Eso nos ha unido muchísimo más. **Carlos** tiene gran cantidad de amigos intelectuales, escritores, científicos... pero son muy solemnes, la verdad, y difícilmente se animan a pisar un lugar popular. Como anécdota te contaré la molestia de quien fue mi amigo durante mucho tiempo, el doctor **Edmundo Flores**, cuando era director del **Consejo Nacional de Ciencia y Tecnología**. Él no concebía, igual que muchos científicos, premios nacionales en aquella época, que nosotros estuviéramos en esas cosas. Hasta que un día **Edmundo** nos acompañó a ver lo que era un teatro popular. Lo descubrió y quedó *fascinado*: fascinado.

Se había perdido de una buena parte de lo que es la cultura mexicana. Muchos intelectuales se habrían muerto de deseos de volver al **Blanquita**, si lo hubieran conocido, o a muchos otros lugares populares como el **King Kong**, en su época de esplendor, cuando lo tuvo **Margo**. Ahí iban desde **María Félix** hasta **Leonora Carrington**. Estaba en la calle de **Mina**, en el **Centro**, y fue famosísimo. Sólo duró seis meses, pero a finales de los setenta, era el sitio obligado. Fue un gran hit de **Margo** que trató de resucitar el cabaret en forma decente. Había mujeres que cobraban diez pesos por bailar, pero no había prostitución, y sí un gran show. Ahí fue todo el mundo, como **Porfirio Muñoz Ledo**, **Víctor Flores Olea**, en fin.

Por desgracia el teatro de revista se acabó: lo acabó la televisión. **Raúl Velasco** hizo un **Blanquita** en el **Canal 2** con su **Siempre en Domingo**, que llegaba a nivel nacional. Les pagaba el salario mínimo a las figuras, lo cual fue una cosa infame, pero decía que la promoción valía mucho más de lo que les pagaba. Así que la televisión y los palenques acabaron con eso. En los palenques se lavaba mucho dinero y los artistas ganaban ahí diez o veinte veces más de lo que podía darles un teatro, que tenía precios muy controlados por el gobierno. Claro, ahogaron al teatro. No había con qué contratar a las grandes figuras.

Ahora la explosión de los "antros" acabó con cualquier posibilidad de ver teatro de revista, que ahora es inconcebible. Ya no se estructura esta forma de diversión, ya no la hay. Quedan muy pocas "grandes figuras". El último gran "samurai" es **Marco Antonio Muñiz**. Todos los demás desaparecieron, son recuerdos.

Injusticias de la Revolución

Es extraño encontrar un texto de **Carlos** donde no haya una referencia a la injusticia social y cultural del país, y lo hace con perfecto conocimiento de causa. Porque si lo pones a hablar de lucha libre, el señor sabe de lucha libre; si le dices "vamos a conocer un tianguis", resulta que él ya lo conoce; si hablas de personas que están trabajando cartón, el señor ya sabe quién es el mejor artesano.

Aunque el tiempo nos ha cambiado a **Carlos** y a mí, en el sentido de que tenemos más años, seguimos comportándonos como lo hemos hecho desde siempre, como unos niños. Pero, sobre todo, hay algo que nos identifica: la forma tan injusta en que el país nos ha tratado, porque como tú sabes, tanto **Carlos** como yo, llevamos cincuenta años intentando que nos nombren directores, él de la **Aduana de Tijuana**, y a mí de la de **Matamoros**. Y no hemos logrado que la **Revolución** nos haga justicia. En el caso de él la situación es aún más grave, porque pidió que, si no podían darle ese puesto, lo nombraran **Secretario de Hacienda**. Sin embargo, veo con tristeza que en los momentos actuales que vive el país no hay lugar para que tome posesión un **Secretario de Hacienda** como **Carlos**. (lep)

SERGIO PITOL

Espero a **Monsiváis** en el **Kikos** de la avenida **Juárez**, frente al **Caballito**... Espero a **Monsiváis** en **Kikos** mientras leo **¡Lástima que sea una puta!**, la intensa, truculenta y dolorosa tragedia de **John Ford**. Comencé a leerla cuando llegué al restaurante y estoy ya cerca del final. [...] **Carlos** es siempre impuntual, pero en esta ocasión se le pasa la mano; es posible que ni siquiera llegue. Tengo un hambre feroz; me decido a pedir la comida corrida. Como, y sigo leyendo a **Ford**. A la hora del postre llego al final, que me deja aterrorizado. En ese momento aparece **Carlos**. Viene de **Radio Universidad**, en donde participó, me dice, en la grabación de un programa de ciencia ficción. Pide sólo una hamburguesa y una Coca Cola. Pone las pruebas de imprenta a lado de su plato y las lee en unos cuantos minutos mientras come. Hace una o dos correcciones. Saca luego de un libro un par de páginas, tacha algunas palabras, añade otras, rectifica por completo las últimas líneas. Me pide acompañarlo al **Excélsior**, que queda a un paso, a entregar una nota que acaba de corregir; es cosa de sólo un minuto. En un dos por tres llegaremos a casa de **Juan José Arreola** para entregarle las pruebas. Allí nos espera **José Emilio Pacheco**, quien entregará hoy las planas de **La sangre de Medusa**, que se publicará también en los **Cuadernos del Unicornio**. En la planta baja del edificio contiguo al **Kikos** se encuentra la librería **Zaplana**, la más grande de **México**; no resistimos la tentación de echarle un vistazo a las mesas y estanterías de aquel inmenso recinto. Cada uno sale con un imponente bulto bajo el brazo. Nos enorgullece el rápido crecimiento de nuestras bibliotecas (la suya, con los años, sobrepasará los treinta mil ejemplares). Volvemos a entrar al **Kikos** para pedir que nos vendan unas cajas de cartón porque es imposible moverse por la calle o subir a un autobús con esa cantidad de libros en las manos. Mientras buscan la caja, tomamos un café, y examinamos nuestros hallazgos. En los cuatro años de amistad nuestras lecturas se han expandido y entreverado. Coincidimos ese día en comprar **Conrad**. Yo llevo **Victoria** y **Bajo las miradas de Occidente**, y él **Lord Jim**, **El vagabundo de las islas** y **El agente secreto**. Ambos leemos en abundancia autores anglosajones, yo de preferencia ingleses y él norteamericanos; pero se ha producido una benéfica contaminación. [...] Ambos admiramos el humor inteligente de **James Thurber**, y volvemos a declarar que el lenguaje de **Borges** constituye el mayor milagro que le ha ocurrido en este siglo a nuestro idioma; hace allí una leve pausa y añade que uno de los momentos más altos de la lengua castellana le es debido a **Casiodoro de Reina** y **Cipriano de Valera**, y cuando, desconcertado ante aquellos nombres, pregunto: ¿y ésos quiénes son?; me responde, escandalizado, que nada menos que los traductores de **La Biblia**. Aspira, me dice, a que algún día su prosa muestre el beneficio de los infinitos años que ha dedicado a leer los textos bíblicos; yo, que soy lego en ellos, comento bastante encogido que la mayor influencia que registro es la de **William Faulkner**, y allí me da jaque mate al aclararme que el lenguaje de **Faulkner**, como el de **Melville** y el de **Hawthorne**, están profundamente marcados por **La Biblia**: son una derivación no religiosa del **Lenguaje Revelado**. Advierte de pronto que se ha hecho muy tarde, que tenemos que volar al **Excélsior** a entregar su nota […] Llegamos a la redacción. El jefe de sección, al cual debe entregar la nota, ha subido a junta. Posiblemente vuelva dentro de media hora. Nos sentamos donde podemos. Un periodista dice a nuestro lado por teléfono que en **México** las cosas van mal debido a la blandura del gobierno, que cada vez cede más a las presiones sindicales, que si las autoridades no intervienen y acaban de raíz con esa lepra se producirá un desquiciamiento nacional. Seguimos hablando de libros; eso implica que la literatura es el tema al que constantemente volvemos, sólo que interrumpido sin cesar por ráfagas de comentarios de todo tipo, sobre cine, sobre la ciudad, sobre los problemas del momento que comienzan a alarmarnos, sobre la **Universidad**, sobre nuestras vidas, sobre varios amigos, conocidos y malquerientes, hasta llegar al tema que más nos entretiene y divierte: la novela a cuya formulación hemos dedicado cientos de horas de conversación, sin escribir aún una sola palabra. Nuestra novela, lo confesamos, está de alguna manera determinada por el humor paródico del primer **Waugh**. Sabemos que también lo está por el desparpajo y la imaginación de **La familia Burrón**, el cómic de **Gabriel Vargas**, y por los cotidianos fuegos de artificio de **Luis Prieto**. […] Y no tenemos ya tiempo para meternos en nuestra novela paródica porque se acerca un empleado y le dice a **Carlos** que el jefe de sección está por salir, y ante nuestro estupor, añade que desde hace una hora está en su oficina. **Carlos** da un salto, sigue a toda prisa al empleado y desaparece tras la puerta. Diez minutos más tarde regresa ya tranquilo. Está casi seguro de que su nota aparecerá en la edición de mañana.

Cae la noche. Un autobús nos deposita en la esquina del cine **Chapultepec**, a un paso de donde vive **Arreola**. Al llegar nosotros, se queja del retraso. **José Emilio** está por despedirse. Lo convencemos de quedarse un rato. También **Arreola** está por salir. Se ha comprometido a estar presente en el estreno de **Enrique IV**, de **Pirandello**, en **Bellas Artes**. Nos asegura que al día siguiente llevará las pruebas a la imprenta. […] Es evidente que tiene prisa por salir, pero acepta sentarse a conversar un momento […] El teatro es el género que aúna todas las percepciones literarias, afirma, y de golpe se levanta, da grandes zancadas por la sala y recita escenas enteras, haciendo todas las voces, de **La farsa de la casta**

Susana, de **Diego Sánchez de Badajoz**, luego se desdice, de ninguna manera el teatro es el género prioritario, decir eso es una aberración, y habla de poesía, y luego toma un volumen de **Proust** y nos lee en un francés perfecto el capítulo famoso donde Albertina es sorprendida en el sueño. De repente, un joven que lo ha oído pacientemente sin decir palabra durante nuestra estancia, se levanta y con visible irritación exclama que de no salir en ese preciso momento no llegarían al teatro. Salimos todos a la calle. **Arreola** y su acompañante suben a un taxi y nosotros tres, **José Emilio**, **Carlos** y yo, caminamos por el **Paseo de la Reforma**, doblamos a la derecha en **Niza** hasta llegar a una taquería, a lado del cine **Insurgentes**, adonde pasamos con frecuencia por la noche a tomar caldos y a probar la más deliciosa variedad de tacos que pueda uno imaginar. Mientas comemos volvemos a hablar de literatura y reiteramos nuestras preferencias. [...] **José Emilio** come con rapidez y se despide; debe entregar al día siguiente una traducción. Unos escritores a quienes conocemos poco se acercan a nuestra mesa y se sientan a conversar. Tienen la obsesión de definir los temas que le compete tratar a nuestra generación. Empiezan a enumerar sus proyectos; saben lo que tienen que hacer por lo menos en los cinco próximos años. Nosotros comemos sin poner demasiada atención en las pretensiones de los recién llegados. Luego hablamos de un libro fabuloso, ***La vida del doctor Jonson*** escrita por el doctor **Boswell**, donde el biógrafo y el biografiado aparecen alternativamente como los notables personajes que fueron, pero también anticipan rasgos propios del señor **Pickwick**, o, más hogareñamente, de don **Reginito Burrón**, lo que hace aún más deleitosa su lectura. Hablamos también sobre novelas policiales para evadir la conversación programática y sosa que reina en la mesa, y sólo por buena educación respondemos a las preguntas que de cuando en cuando nos hacen nuestros conocidos, sin informarles que el único proyecto que de verdad nos interesa es escribir una novela satírica donde los haríamos aparecer como unos pendejos grotescos y pomposos.

Tal vez somos conscientes de que jamás escribiremos una línea de esa novela, pero quizás también intuimos que aquel juego cotidiano puede ser una de las fuentes que alimentará nuestra obra posterior, si es que ésta se deja escribir. No podemos concebir el futuro, ni nos interesa hacerlo; lo único que nos importa es el presente y el futuro más inmediato; pensar, por ejemplo, en lo que nos depararán los días próximos, cómo se desenvolverán las complejas situaciones a las que cada uno se enfrenta en su vida personal, y también, con la misma intensidad, qué libros leeremos esos días.
(Tomado de *El arte de la fuga*, 1997.)

» Bellas Artes, si no se hundió con terremotos y temblores, puede resistir conciertos de algún grupo punk.

"En 1934 se inaugura el Palacio de Bellas Artes, con un acto de gala y *soireé*. A todos asombra el edificio iniciado por el italiano Adamo Boari (en Nuevo Arte Decorativo Moderno), y concluido por el mexicano Federico Mariscal de Art Decó. A la monumentalidad del "pastel de bodas" (descripción típica) contribuyen su estructura de acero, la forma de embudo que logre la acústica conveniente, los 24 metros de longitud del escenario, la fachada de mármol de Carrara, las butacas (hechas en Francia), el mármol de Querétaro y Nuevo León, los trabajos escultóricos encomendados a artistas europeos, la cortina

(de Tiffany) de mosaicos de cristal sobre lámina de acero (un millón de cristales opalescentes). A esta opulencia el público debe corresponder —eso se espera— enriqueciéndose culturalmente "desde la apariencia".

"Típicamente, el continente determina el contenido, y el Palacio de Bellas Artes (o Bellas Artes, como nada más se le dice), en el tiempo de su debut garantiza el rango social o la decisión de su ascenso de clientela. El Palacio inhibe y estimula, impregna a sus frecuentadores de la voluntad de sentirse distintos, mitiga la pesadumbre de no vivir en las metrópolis...

PROCESO, NÚM. 1457, 2004.

SE NECESITA TODA LA DOSIS DE MALICIA QUE GUARDAN *INPETTO*, LOS LLAMADOS CATÓLICOS, AL ESTILO DE LA GENTE QUE NOS OCUPAMOS, PARA ALCANZAR EL GRITO

DE ESCÁNDALO, Y CREER QUE PELIGREN LA INOCENCIA Y CASTIDAD DE LOS NIÑOS PORQUE VEAN EN LA ALAMEDA UNA ESTATUA DE VENUS.

NEXOS, DICIEMBRE 1984.

CENTRO HISTÓRICO

...En las ciudades grandes y medianas y en los pueblos de México, hay avenidas y calles con su nombre, a los espacios públicos los afligen sus bustos y esculturas, la Patria lo hospeda en su regazo en el Panteón de San Fernando, y en la Avenida Juárez se levanta el Hemiciclo a Juárez, donde la Patria de Juárez corona a Juárez, su hijo inmarcesible...

LETRAS LIBRES, MAYO 2001.

» Todos los cantantes de medio pelo para arriba lanzaron su do de pecho en la XEW.

JOSÉ EMILIO PACHECO
MONSIVÁIS Y EL DESIERTO DEL PASADO

Conocía de lejos a **Monsiváis**. Acababa de leer en *Medio Siglo* su ensayo sobre literatura policial, asombroso para un adolescente de 18 años y todavía muy legible, cosa que no puedo afirmar acerca de mis textos iniciales. Indagué en torno a él. "Es un estudiante de Economía", me dijeron. Una tarde me fue señalado en un corredor: "Mira, ahí va el poeta."

En 1957 el joven **Monsiváis** era *El poeta*. Lamento no darles algunas muestras de sus versos, pero hemos pactado no citar nunca nuestros poemas de esa etapa aciaga. Desde luego a veces rompemos el convenio y, muertos de risa, leemos a quien se deje nuestras páginas de los cincuenta, pero siempre las atribuimos al otro.

Antes del 31 de julio jamás hubiera pensado que yo también iba a colaborar en **Medio Siglo**. Para mí era lo que debe de haber significado para un estudiante de 1927 la **Revista de Occidente** o **Contemporáneos**. Aquel encuentro iba a cambiar mi vida y a convertirme en escritor. Nacido apenas un año antes que yo, **Monsiváis** me dio aquellas enseñanzas que uno sólo puede obtener de las personas de su edad. Hay unas líneas de **Cavafis** que no puedo leer sin invocar aquellos años finales de los cincuenta:

Y revivió de nuevo ante mis ojos, Calles que ahora desconocería, Lugares ya cerrados y en silencio, Teatros, cafés de épocas que fueron.

El Sidral Mundet y la XEW

Los cafés que ya no existen —el **Kilos**, el **Chufas**, el **Palermo**, el **Sorrento**, la **Farmacia Elsa**— resultaron el taller literario en que sin saberlo tomé clases particulares con **Monsiváis**. Teníamos el hábito, venturosamente abolido por los medios electrónicos, de leernos en voz alta nuestros textos. Yo escribía de todo y a todas horas. A diario le leía a **Monsiváis** versos, cuentos, notas, obritas de teatro. Nunca intentó corregirme ni me indujo a escribir como él. Sólo me habituó desde un principio a la crítica. Somos por completo distintos y sin embargo nos parecemos. **Vicente Rojo** dice que no somos escritores sino reescritores. **Eliot** diría que "sólo estamos invictos porque seguimos intentando".

Gracias a esta que tal vez podríamos llamar política del desaliento —el mejor estímulo negativo a que puede someterse una vocación— y a la severa lista de lecturas que me impuso **Monsiváis**, en sólo un año pude pasar de la edad de las tinieblas al paleolítico. En 1958 publiqué mis primeros cuentos en **La sangre de Medusa** y los poemas iniciales que cinco años después aparecieron en **Los elementos de la noche**.

En la feliz ignorancia del porvenir, combinamos sin saberlo alta cultura y cultura popular: programas triples en viejos cines ya también desaparecidos y lecturas de **La Biblia** en la versión de **Casiodoro de Reina** y **Cipriano de Valera**. Como buen niño católico, yo ignoraba esta obra maestra y me había mantenido a distancia de poetas rojos como **Pablo Neruda** y **César Vallejo**. También hicimos en colaboración traducciones de autores ingleses y norteamericanos.

No éramos todavía "hijos del rock y de la **Coca-Cola**", sino apenas hijos del **Sidral Mundet** y la **XEW**: todavía nos sabemos de memoria boleros, canciones rancheras, prehistóricos rocks. Nuestra idea de la parodia y el montaje le debe todo a los programas cómicos del **Panzón Panseco** y nuestro concepto de la información y de la trivia fue engendrado por el **Doctor I.Q.**, **Los Niños Catedráticos** y el **Bachiller Álvaro Gálvez y Fuentes**.

La aparición de Sergio Pitol

Aquel aprendizaje se enriqueció gracias a **Sergio Pitol**.

Nos aventajaba en unos cuantos años de edad y en muchos siglos de conocimiento y oficio literario. Alguna vez **Pitol** dijo que formábamos una generación de tres personas, una isla de soledades en el mar de las generaciones…

En este fin de siglo se han establecido dos en las que no cabemos: la de aquellos que nacieron en torno a 1932 y se agruparon en la **Revista Mexicana de Literatura**, y la de quienes llegaron al mundo después de 1940. Para entender la diferencia debe recordarse que en 1957, por ejemplo, **Juan García Ponce** era ya un escritor que había obtenido el premio **Ciudad de México**, y en cambio **José Agustín** era apenas un adolescente de 13 años. (Entre paréntesis: **Monsiváis** escribió en el número 8 de **Estaciones**, invierno de 1957, el que tal vez sea el primer cuento de la Onda: "Fino acero de niebla".)

Como cronista **Monsiváis** estaba destinado a ser el gran narrador, el gran testigo del proceso brutal que convirtió a la **Ciudad de México** en el **D.F.**, con todas las resonancias de horror y de pasión que evocan estas dos letras. Oscuramente sabíamos que una época terminaba (cuántas otras han muerto en el transcurso de estos años) y tratábamos de rescatar algo de ella antes de que se la llevara la corriente del tiempo, como hoy devora la nuestra.

El doctor Nandino y "el único torero comunista"

Jamás hubiéramos pensado que un día iba a darse este reconocimiento a **Monsiváis** por su incomparable labor descentralizadora. Mucho menos que para financiarnos el lujo de escribir tendríamos que comprar tiempo con dinero ganado hablando en público. Como tantas otras cosas debemos ambos impulsos al doctor **Elías Nandino**. Cuando nos puso al frente de la sección "Ramas nuevas" de **Estaciones**, nos permitió entrar así en una revista de **Guadalajara** hecha por casualidad en el **D.F.**

Productos del llamado "milagro mexicano" y la fe en el porvenir radiante que esperaba al país gracias al "desarrollo estabilizador", el término *provincia* nos pareció siempre abominable, no distinguimos nunca entre la capital y la República.

Respecto a indios, mestizos y criollos, supusimos en nuestra ingenuidad que todas las contradicciones se habían resuelto en una sola palabra: *mexicanos*.

A los pocos meses de habernos conocido, **Monsiváis** y yo dimos nuestra primera lectura en **Querétaro**, invitados por el poeta **Francisco Galerna**, director de **Ágora**. Sólo mientras lo buscábamos desesperadamente por las plazas y calles queretanas, nos enteramos de que **Galerna** era en realidad el pseudónimo de **Francisco Cervantes** y no había acudido a la cita porque en esos momentos estaba en el ruedo. Nos señalaron un cartel que lo anunciaba como **Stalin, el único torero comunista** y en nombre suyo nos invitaron a presenciar la corrida.

Ni **Monsiváis** ni yo hemos

pisado ni pisaremos nunca una plaza de toros. Esperamos en un café la llegada sin traje de luces de **Cervantes**. Al volver abrimos en **Estaciones** una sección de revistas en la que comentábamos cuanto nos llegaba de todos los horizontes mexicanos. Así establecimos relaciones con Enrique Florescano en Jalapa, con los que hacían **Katarsis** en **Monterrey**, **Voces Verdes** en **Mérida** y muchos otros de nuestros contemporáneos en distintas ciudades. Ahora no pasa semana sin que **Monsiváis** dé tres o cuatro conferencias, el lunes en **Tijuana**, el martes en **Guadalajara**, el viernes en **San Cristóbal de las Casas**, por ejemplo. No sé de dónde saca la energía para hacerlo ni el tiempo para leer y escribir sobre tantos y tan variados temas.

Paz, Fuentes, Benítez

Para nosotros aquellos años están marcados por dos libros que nos deslumbraron: ***Piedra de Sol*** y ***La región más transparente***. Visitábamos a sus autores en el edificio ya demolido de **Relaciones Exteriores** y —no puedo contarlo sin temblar de vergüenza— les leíamos nuestros bodrios en los cafés arrasados por el terremoto de 1985.

Fuentes, siempre generoso, se empeñó en llevarnos muy prematuramente a la confirmación en la catedral: ***México en la Cultura***, nuestra **Biblia** laica de entonces. **Monsiváis** ya había escrito su ensayo, aun más notable que el primero, acerca de la ciencia ficción, pero en modo alguno nos atrevíamos a dar el gran paso.

Elena Poniatowska se divierte contando que un día hallamos a **Fuentes** con **Benítez** a las puertas del **Hotel del Prado**. Para evitar la presentación, muertos de timidez huimos dos cuadras y nos ocultamos en la **Librería del Caballito**. Quién nos iba a decir que **Monsiváis** en 1973 sustituiría a **Benítez** en la dirección de ***La Cultura en México*** y que antes, a lo largo de los sesenta, yo iba a acompañar como jefe de redacción a Fernando y a Vicente Rojo.

La función no ha terminado

Carlos Monsiváis nos engañó: se presentaba como el desorganizado y el perezoso y resultó el más trabajador, el más versátil y el más coherente de todos. No podremos reconstruir en la memoria al **México** de la segunda mitad del siglo que terminó en 1991 sin la obra y la presencia de **Monsiváis**.

No sé cuánto tiempo nos quede por delante pero la función de entrada libre no ha terminado: los mejores libros de Monsiváis aún están por venir.

Acaso no tendré otra oportunidad de expresar en público mi agradecimiento. Quizá sólo volveré a verlo cuando entre en el infierno. Y entonces, como en el poema "Aspasia" de **Eugenio Montale**, gritaré "**Carlos**" a la primera sombra que sonría. Él, sin decir nada, seguirá caminando. Pero lo reconoceré por el clavel rojo en la solapa.
(Fragmento tomado de "Laberinto", suplemento del diario *Milenio*, mayo 2008.)

Epílogo
Discurso al obtener la Medalla 1808, entregada por el gobierno de la Ciudad de México a Monsiváis, en 2008

Este discurso constituye uno de los mejores textos de Monsiváis sobre la Ciudad de México actualmente:

"Parábola del espacio que necesita un domicilio fiscal. En el principio no había lugar dónde poner el espacio de la Ciudad de México. El lugar asignado era amplio, un valle en el Anáhuac, pero se calculó mal el tamaño, que por los motivos que fuesen, era insuficiente, era un lugar que no correspondía a este espacio, que se oponía a las mediciones y los amoldamientos; que se burlaba de los que en vano trataban de encajarlo en el sitio a él adjudicado. ¿Cómo quieres que yo –decía el espacio- que seré histórico, mitológico y centralista quepa en estos kilómetros a mi disposición? Pero si yo ya estaba convencido desde el Génesis, no más que aquí yo soy de los espacios a los que todo les queda chico.

"El lugar no lograba aprisionar, apresar, alojar o volver cómodo a las disposiciones del espacio, y los ingenieros y sus teololitos de fabe y, los topógrafos y los muchos ojos de buen cubero, se afanaban en meter el espacio, en el ámbito asignado pero todo inútil.

"Se anexaron terrenos, se prodigaban inauguraciones en los territorios baldíos, ahí es donde se construían los teocallis y los malls, pero el lugar disminuía. Y el espacio hacía estallar los sitios donde se le requería hospedar; y así sigue hasta ahora, un espacio que aumenta y aumenta y que ya no cabe en lugar alguno…

"Parábola de creencias. Luego de la venta de remates al abismo. En el principio, y ante la tardanza del dios cristiano, Huitzilopochtli y Tláloc crearon los cielos y la tierra; y en la tierra, llamada así porque su componente mayor era el agua, la nación mexicana, donde desde recién nacida un producto de la diosa demografía, estaba desordenada, pero nunca carente de pueblo y de mensajes al pueblo y de exhortaciones al pueblo para que renunciara a otras creencias. Ya basta de contemporizar, y lo primero que hicieron los dioses, en su empeño de mejorar el aspecto de la primera ciudad fue crear un centro a sabiendas de su poder de convocatoria, la obligación mayor del centro es anunciar la existencia de los alrededores a los que convoca.

"Y pronto Tenochtitlan estuvo poblada y ordenada a su modo, muy de vanguardia, y luego vino la creación de la provincia, para fomentar las migraciones a la gran ciudad, si no se creaba la provincia quién iba a venir, y los dioses paganos consiguieron empleos de veladores en un museo y a nadie se le ocurrió renovar el contrato del agua y entonces: Aquí hay dos puertas en el juicio final. Por una, entrarán todo lo que contiene un vagón de Metro, por otra Robinson Crusoe. ¿Cuál eliges?

"Ciudad de México, la acumulación de almas, recursos naturales, cuerpos a la deriva del desempleo, edificios, instituciones, calles sobrepobladas, estadísticas que bien podrían ser predicciones de la migración próxima, la que ya sólo encuentra reservaciones en el interior de la conciencia; problemas acuíferos, movimientos sociales y políticos, asentamientos urbanos, que en un descuido del centro, van a aceptar que son ciudades en toda forma, desastres que o se previenen o se estimulan. Ya dan lo mismo.

"Cifras que aturden, cifras que exigen la vida entera para asimilarlas, pero de veras viven juntos tantas personas y tantos vehículos, y ¿por qué lo soportan los vehículos? Delegaciones que en su siguiente reencarnación serán megalópolis, tránsito que en su veloz existencia anterior fue el mar de los argazos; cuatro autos por cada diez personas, dato aproximado, y ya congestionado; parque vehicular que se acrecienta anualmente con 200 mil automóviles.

"Problemas graves de contaminación, intensificación de la segregación socioespacial; asentamientos irregulares que se vuelven organismos regidos anualmente por la autoconstrucción.

"Orgullos citadinos que asumen la forma del recuento de amenazas o de catálogo de habitantes como especies en extinción; mancha urbana que en un descuido llega a la frontera norte, con aspiraciones de migrante ilegal.

"Automóviles de los que en un futuro cercano, tal vez cercano seguirán, eran el medio de transporte favorito en la ciudad, hoy son partículas del gran cementerio; automóviles que causan el 84 por ciento de la la contaminación.

"Conciencia ciudadana que, no obstante etapas de apatía y cinismo, crece con regularidad, tolerancia que se vuelve ecosistema psicológico, moral y cultural. Extravagancias que de tan multiplicadas ya no se advierten; violencia que es consecuencia del capitalismo salvaje, de naturaleza humana, del neoliberalismo, del tamaño de la urbe, de los roces de la aglomeración y del motivo que en ese momento se está produciendo.

"La multiplicación de los panes, los peces, los parientes y los DVD's prestados. ¿Qué propone la Ciudad de México? ¿Cuáles son sus misterios, sus escondrijos su paraíso subterráneo? Y ¿cuáles los dispositivos para el deleite a bajo precio?

"Si a todo megalópolis la caracteriza el juego entre ofrecimientos y negaciones, entre aperturas y cerrazones, a la capital de la República Mexicana la describe el tamaño de las ofertas y las inmensas dificultades para aprovecharlas.

"Así, la urbe es un comedero ominipresente, es el bebedero sin reposo, es la danza del subempleo alrededor de los semáforos, es el frotadero de almas en el vagón del Metro –los cuerpos ya no cupieron– es el depósito histórico de olores y sinsabores, es la primera comunión del niño, meses antes de la boda de sus padres, es el anhelo de un cuarto propio, es la curiosidad nacional al acecho de la telenovela de moda, la de los noticiarios y de los periódicos; no la otra, la espuria......

"La megalópolis es proteica a la fuerza, pero en lo disparatado de su desarrollo arquitectónico, en la fealdad de las construcciones autogestionarias, en los kilómetros y kilómetros que se recorren sin protestar con logros y estímulos visuales, se haya el gran elemento en común, el sentido de provisionalidad, que se desprende de la ausencia de propósitos escépticos.

"El sentido de provisionalidad que crea a su manera sus propósitos estéticos, algo por lo demás lógico, gran parte del carácter homogéneo urbano se deriva por la prisa por habitar en donde sea, de la escasez abrumadora de recursos que a la letra dice todavía: 'En un día de suerte hay un lote edificado a la disposición de la mirada errante, será buena idea llamar a la autoconstrucción, lotes edificados'...

Las marchas y embotellamientos

"Las movilizaciones cuentan, esa gran cartografía disidente tiene un peso enorme en la vida urbana, y al mismo tiempo se ha incorporado a la vida cotidiana; el cimiento no deja ver a la actitud, la confederación de gritos se ocupa de la protesta; el sentimiento de indignación moral se expresa por la presencia de cientos de miles. Según datos oficiales y que no los recuerda ahora quien estuvo en embotellamientos, gracias se los diré: el 65 por ciento de los asistentes, según datos oficiales de 2001 a 2006; hay en la Ciudad de México un promedio de 5.6 movilizaciones al día, el Apocalipsis en marcha, en los cuales el 65 por ciento de los asistentes acude en pos de la solución de causas federales; y el 26 por ciento, por demandas de los órganos legislativos a los partidos políticos. Y en 2006 las marchas de protesta son un gran logro poblacional de la crítica.

"A momentos parece que toda la Ciudad es un hervidero de la disidencia, es raro parece que no pasa nada, por lo que menos se menciona el ojo del huracán en su visión posmoderna; si se quiere que el huracán no nos sorprenda, que el huracán está por sectores, por actitudes, por protestas de vecinos, por marchas jubilosas, airadas, por las exigencias de los gremios, protestas o caos vial, marchas y parálisis urbanas; son hábitos de arraigo domiciliario....

"La Capital es el sitio de los ambiciosos, los desesperados, los ansiosos de hallarle sitios a sus costumbres heterodoxas o a sus experimentos artísticos, en sus ganas de pasar de la clandestinidad al anonimato; en gran parte del país, aún se viven las represiones del tradicionalismo que espía al vecino y hierven los demonios de la propia recámara; donde a los celos los enfrenta la burla, 'no te tardes Juana que ya te vieron', 'y tú no hagas tanto ruido con tus neuronas Pepe'.

"En la capital, por lo menos, lo que hagan los vecinos no

importa, porque los vecinos son demasiados, cambian su domicilio con frecuencia y no es fácil detener situaciones, ya no se diga su comportamiento.

"A la Ciudad de México la domina lo cuantitativo, son muchos los que aquí nacen y los incontables que la provincia expulsa. El centralismo paga sus malevolencias y desmesuras con las masas que descienden de camiones y trenes, y aquí se quedan porque la idea del regreso al pueblo es más ardua de soportar que el desarraigo"…

El desempleo

"Parábola de la lucha del empleo y el Ángel hasta el amanecer. Y el Ángel nadie le creía que había visto un empleado el día anterior, cuando ascendió a la tierra, y los seres terrestres que lo rodeaban –a lo mejor sin propósitos lascivos– preguntaban con ansia, ¿de veras viste un empleo? Y el Ángel, incapaz de mentir, respondió, sí vi un empleo, no recuerdo en qué estado de la República, pero era un empleo, no un mirar por la ventana de un changarro, ni por las fantasmagorías de una Secretaría de Hacienda, sino un empleo.

"La Ciudad de México es global, hasta donde puede serlo. Esto es: las franquicias son una nueva marca de identidad, los flujos financieros internacionales las envuelven y devoran –eso me dijo Rolando Cordera– la informática es la relación viva con lo que pasa en el mundo; lo visitable es la consigna del ahora, y el chat o el chateo, reinstala el arte de la conversación: Hola, tengo 22 años de edad, ojos azul cielo no contaminado, cuerpo de parar el tráfico de aviones y lo demás lo descubrirás en mi departamento. También, de acuerdo al rumor, la obsolescencia planeada ya incluye a los seres humanos."

BIOGRAFÍA

Crónica imaginaria de la memoria viva de México

Obed González

Por la ciudad de México con una infinidad de periódicos bajo un brazo y en el otro una negra sombrilla con mango de marfil en forma de águila, un hombre de piel grisácea y traje oscuro recorre sus calles. Entra a una cantina que se atraviesa en su camino, serenamente toma un banco y silencioso se sienta en él, parece que a nadie le importa que esté ahí, las personas continúan realizando sus labores cotidianas, lo ignoran, como sino existiera, como si fuera un fantasma.

Entre ruidos de autos, de gritos de vendedores ambulantes, ladridos de perros y olores a suadero, cebollas fritas, hígados y longaniza asada, tranquilo mira su reloj y el trajinar de la gente se refleja en sus manecillas. Vuelve la cabeza y su mirada se interna en una apolillada sinfonola RCA Victor 1962 y una canción parece salir de ella introduciéndose en su memoria y se va visualizando en su recuerdo un alguien que comienza a tener palabras y movimiento… vida:

> *"Voy a decirles una cosa que no puedo ya por más callar, le mostraremos a los viejos que amargados toditos están…"*

En la azotea de una calle de cierta colonia de la Ciudad de México de cuyo nombre no puedo acordarme, un lozano hombre de ensortijado cabello y espesas cejas mira su entorno y todo aquello que para él -ahora lo comprende- ya no le es ajeno, se va edificando en su pensamiento. La ansiedad le recorre por cada una de las células de su cuerpo y le va escribiendo códices que se entraman con sus arterias y le crean un lenguaje, un lenguaje analógico que se basa más en los signos que en las palabras pero que sin ellas no existe.

Esta ansiedad le detona en pensamientos: lo social y lo político se entrecruzan con la filosofía y la historia; lo religioso y lo mundano, lo sagrado y lo profano, todo se abraza y se manifiesta.

En el joven, el principio del lenguaje cinematográfico es una brecha para su capacidad de síntesis y critica que en 1965 lo representa bajo una sotana que en "Un alma pura" consigue ser un objeto de arte y una expresión que es repetidora de cosas, emociones, ideas… la vida misma. El cine, pasión que le acaricia y araña las arterias.

Este joven de nombre Carlos Monsiváis Aceves para ser más preciso, se introduce en los planes y líneas de un guión cinematográfico de Carlos Fuentes y Juan Ibáñez pues lo consideran un caifán: "pachuco"; "papá grande", "cae bien", "cae fine", "el que las puede todas". En la cinta *Los caifanes* es el alcohol y la tragedia del sincretismo mexicano vestido de Santaclós a quien le arrancan la peluca para incendiarla con las brasas del folclor de la cocina mexicana, en esa lotería que es la Ciudad de México, donde se puede encontrar al borracho, a la bella, al valiente o al mismísimo diablo. Ese México que se juegan como lotería los amantes de la noche.

En aquella azotea la *"Voz viva de México"* le resuena como mil ecos en la cabeza y las palabras convertidas en ideas lo regresan a sus clases de economía y filosofía, a los pasillos y jardines de Ciudad Universitaria y frente al mural "La educación para el pueblo" de David Alfaro Siqueiros lo enfrentan a una pregunta o más: ¿La educación es para el pueblo? o ¿el pueblo es para la educación? Un torrente de conceptos se entrelazan con hilos de colores políticos, educativos, culturales, filosóficos, religiosos, de otredad… de pueblo. Como un suspiro que se eleva, la realidad lo lleva otra vez a aquella azotea y en medio de nubes de petróleo y sueños balanceados dentro de un par de tenis que cuelgan de un alambre de luz, su pensamiento también se eleva y sabe que su lenguaje es de búsqueda, no un lenguaje de repetición, no un lenguaje de reflejos, sino, un lenguaje auténtico, que dice cosas, que materializa las cosas, que lo lleva a la crítica, a la investigación, al periodismo, al análisis, a lo directo.

Desde esa azotea ve correr a un desesperado perro sobre la húmeda banqueta y siente la vibración de sus ladridos como si lo mordieran por dentro, ahora sabe que esos ladridos llevan la memoria de su tiempo que es el de todos y cómo lo callamos con el silencio de la indiferencia. Se refleja y sabe que ahí está *"Días de guardar"* como una oportunidad de mostrase como es el Carlos de carne, vísceras y huesos. Él sabe que la ciudad es el pancracio de todos los días, la lucha constante por la supervivencia, el enmascararse diario para volver al circo que se borrará al día siguiente al primer claxon de un auto o a la succión de un boleto de metro.

El ulular de una ambulancia y el altavoz de una patrulla sacan de la meditación al hombre que está sentado en la cantina, baja los párpados y zarandea su cabeza. Mira los periódicos que tiene bajo su brazo, los coloca sobre la mesa y abre el primero que ve, checa la fecha: 4 de mayo del 2008, lee el titular:

"70 años de vida y cultura mexicana"
Escritor, crítico, periodista, cronista y ensayista.

Autor de: *Días de guardar, Amor perdido, Crimen en el cine, A ustedes les consta, El 68, la tradición y la resistencia,* entre otros más.

Ganador de los premios:
1977- Premio Nacional de Periodismo (en crónica).

1998 - Premio Príncipe Claus para la Cultura y el Desarrollo, Gobierno de Holanda.

2000 - Premio Anagrama de Ensayo (por "Aires de familia: Cultura y sociedad en América Latina").

Doctorado Honoris Causa, Benémerita Universidad Autónoma de Puebla.

2001- Medalla Gabriela Mistral, Gobierno de Chile.

2002 - Condecoración Orden Alejo Zuloaga, Universidad de Carabobo, Venezuela.

2003 - Medalla al Mérito, Universidad Veracruzana.

2008 - Presea "Sor Juana Inés de la Cruz", Universidad del Claustro de Sor Juana.

Doctorado Honoris Causa, Universidad Autónoma de Nuevo León.

Premio "Miguel Caxlán", Seminario Teológico Presbiteriano de México.

Y colección personal del Museo del Estanquillo.

El hombre sonríe, se levanta y lo oscuro de su traje se va diluyendo hasta convertirse en color verde y su corbata se reaparece roja sobre su blanca camisa, su piel va tomando un color bronceado, se posa frente a un espejo y se reconoce, este personaje es la memoria de México y para él es difícil separar a Carlos Monsiváis del Milagro mexicano porque nacieron juntos, al grito de *"El petróleo es de México y los mexicanos"* y este ser ahora grita: *"Mosiváis es de México y los mexicanos"*. Y eso... A ustedes les consta.

Pantitlán, agosto, 2009.

CRÉDITOS FOTOGRÁFICOS **CUARTO OSCURO** 10-11 Max Nuñez, 24-25 Guillermo Perea, 28-29 Moises Pablo, 41 Mario Nulo, 44, 45 Moises Pablo, 56-57 Oswaldo Ramírez, 60-61 Paola Hidalgo, 62-63 Ricardo Castelán, 66-67 Inti Vargas, 78-79 Eduardo Loza, 110-111 Christina Palma, 111/1 Guillermo Perea, 128-129 Sashenka Gutiérrez, 132 Moises Pablo, 146-147 Saúl López, 164-165 Pedro Valtierra, 176-177 Isaac Esquivel, 177/1 Archivo, 186-187 Pedro Valtierra, 216-217 Paola Hidalgo, 217/1 Felipe Castellanos, 219 Moises Pablo, 226-227 Saúl López, 240-241 Pedro Valtierra, 244-245 Rodolfo Valtierra, 250-251 Isaac Esquivel, 264-265 Guillermo Perea, 288-289 Guillermo Perea, 292-293 Juan Pablo Zamora, 294, 295 Ricardo Castelán, 312-313 Isaac Esquivel, 335 Guillermo Perea, 336 Ivan Stephens, 340-341 Guillermo Perea, 344-345 Nelly Salas, 350 Moises Pablo, 354 Juan Pablo Zamora. **CORBIS** 76-77 ©Bettmann 166-167, 168-169 Sergio Dorantes/Sygma, 234 John Springer Collection/1928, 242-243 ©Underwood&Underwood/1943, 267 ©Bettmann/1966, 272-273 Archivo. 280-281 ©Underwood&Underwood **ARCHIVO FOTOGRÁFICO RODRIGO MOYA** 5-6, 16-17, 20-21, 126-127, 130-131, 134, 208-209, 299, 300, 320-321, 360. **FOTOTECA NACIONAL/SINAFO** 2-3 **ARCHIVO TRILCE** 38-39 Juan Carlos Mena, 210-211/2 Ramiro Chaves. **ARCHIVO GENERAL DE LA NACIÓN** 48-49, 80-81, 82-83, 94-95, 357 Hermanos Mayo. **ARCHIVO FOTOGRÁFICO DEL INSTITUTO DE INVESTIGACIONES ESTÉTICAS DE LA UNAM** 68-69, 214-215 Luis Márquez. **ARCHIVO GUSTAVO FUENTES** 100-101 **JESÚS LÓPEZ** 254-255, 256-257, 258-259. **PABLO NAVAJAS** 17, 22, 23, 26-27 , 32-33, 34/1, 34/2, 36, 37, 38/1, 39/1, 40, 42-43, 46, 47, 50-51/1/2, 52-53, 55 , 58-59, 64-65, 70, 73, 74-75, 84-85, 87, 88-89, 90-91, 92/1, 92/2, 93, 96-97, 102-103, 107, 108-109, 112-113 , 114-115, 115/1, 118-119, 120-121, 122-123, 124-125, 130/1, 133, 135, 136-137, 139, 140-141, 142-143, 144/1, 144/2, 145, 152-153, 154-155, 157, 158-159, 160-161, 162, 163, 170-171, 172, 173, 174, 175, 180-181, 182-183, 183/1, 183/2, 184, 185, 188-189, 192/1, 192/2, 194, 198-199, 200-201, 200/1, 202-203, 204, 207, 210-211/1, 212-213, 218, 222-223, 225, 230-231 , 231/1, 232-233, 236-237, 248-249, 253, 260-261, 262-263, 275 , 276-277, 282-283, 284-285, 285/1, 286, 290-291, 298, 302-303, 304-305, 306 , 310-311/1, 310-311/2 , 317, 318 , 322-323/1 , 322-323/2 , 326-327, 328-329, 342-343, 346.